Johannes Lenz

»Ihr seid das Salz der Erde«

phoenix

2

JOHANNES LENZ

»Ihr seid das Salz der Erde«

Die Bergpredigt heute

URACHHAUS

Der Autor:

Johannes Lenz (* 1927) ist Priester der Christengemeinschaft und bekleidet dort das Amt eines Oberlenkers

Inhalt

Vorwort

Noch wenige Jahre trennen uns vom Ende des 20. Jahrhunderts. Mit ihm wird der Übergang vom 2. zum 3. Jahrtausend vollzogen. Dabei zählen wir die Zeitabschnitte nach einem zeitlich-überzeitlichen Ereignis: der Geburt Jesu auf Erden. So sagen wir auch »1996 nach Christi Geburt«. Ist das heute noch eine Wirklichkeit? Wird unsere Zeit vom Christentum bestimmt?

Die zurückliegenden Jahrhunderte wurden zumindest in unserem Kulturkreis auf allen Lebensgebieten vom Christentum geprägt. Heute stellt sich die Frage, ob es in der Zukunft noch ein Christentum geben wird und wie dies aussehen wird. Ursprünglich waren die Kirchen mit ihrem Kultus und dessen kulturstiftender Kraft ihrer Zeit weit voraus. Aus der Zuwendung zur Ewigkeit wurde die Zeitlichkeit betrachtet und gestaltet. Heute hinken sie hinterher. Ohne einen neuen Einschlag aus der geistigen Welt heraus wird die Möglichkeit und Kraft einer grundlegenden Erneuerung fehlen.

Die Christengemeinschaft sieht in dem Geschehen um 1922 herum, das zu ihrer Gründung führte und Offenbarungscharakter für die erneuerten Sakramente hatte, den Anfang einer neuen kultischen Bewegung. Sie trägt die Keimkraft zu einer Kulturerneuerung in sich. Das Evangelium bekommt durch die Verkündigung an den Altären und eine vertiefte spirituelle Interpretation wieder Lebensnähe und verwandelnde Kraft. Damit ist auch die Bergpredigt erneut zu einer aktuellen Aussage geworden. Manche Theologen wie der Friedensnobelpreisträger Albert Schweitzer (1875-1965) haben das erkannt. Der Fernsehmoderator Franz Alt hat die Bergpredigt entdeckt und in seinen beiden Schriften mitten im Atomzeitalter ihre brennende Zeitnähe und ihre orientierende, wegweisende Kraft dargestellt. Rudolf Steiner hat bereits von 1907 an, besonders 1910 in Berlin, München und Bern, die tiefe Bedeutung der Bergpredigt erschlossen. Dem Kenner der Geisteswissenschaft ist dies deshalb bedeutsam, weil gleichzeitig die Mitteilungen von der Wiederkunft Christi, seinem Erscheinen im ätherischen Bereich des Lebens, einsetzen.[1] Die Nähe des Wiederkommenden und die neue Erschließung der Predigt auf dem Berg und damit des entscheidenden Anfanges des Evangeliums überhaupt gehen Hand in Hand.

Emil Bock hat in seinen Betrachtungen zum Neuen Testament, mit denen er bereits 1927 in Gestalt von Privatdrucken begann und die unter dem Titel »Das Evangelium« erschienen sind,[2] im Sinne einer erneuerten spirituellen Interpretation der Bibel erstmals umfassend die Bergpredigt dargestellt. Eduard Lenz hat in seinen »Betrachtungen über das Matthäus-Evangelium«,[3] wenn auch fragmentarisch, wegweisende Studien zur Komposition und Initiation in diesem ersten der vier Evangelien hinterlassen. So darf heute der Versuch gemacht werden, die Bergpredigt erneut in den ernsten Zusammenhang unserer Zeit hereinzustellen.

Emil Bock hatte noch den Charakter der besonderen

Jüngerunterweisung unterstrichen. Ihm lag daran zu zeigen, wie Jesus Christus die Jünger als Schüler um sich schart und sie in die Geheimnisse des Zugehens auf die geistige Welt einweist. Am Ende des Jahrtausends wird die Menschheit vor so grundlegende Probleme gestellt, daß jede Orientierung und jede Hilfe zur Sinnfindung wie zur Lösung ihrer brennenden Fragen willkommen sein muß. Die Bergpredigt zielt über die Jünger hinaus. Sie hat menschheitliche Bedeutung.

Wenn das tiefste Geheimnis unserer Zeit die wachsende Nähe Jesu Christi aus der Wolkensphäre seiner höheren Gegenwart und seine Wiederkunft ist, dann wird dieses Licht im Schattenwurf der schweren Weltprobleme indirekt fühlbar. Das Wort, das er vor 2000 Jahren auf dem Berge bei Kapernaum im Heiligen Lande angesichts des Elendes und der Not der Menschheit der Zeitenwende sprach, wird heute als sein bleibendes und gegenwärtiges Wort von gesteigerter Wichtigkeit in den Nöten der Gegenwart und der nächsten Zukunft sein.

Im folgenden benutze ich den revidierten Text der deutschen Übersetzung Martin Luthers (1956), die Übertragung von Emil Bock (1958), von Fridolin Stier (1989), Ernst Lohmeyer (1958) und eigene Übersetzungen der Bergpredigt. Im Text wird dies nicht jeweils eigens angemerkt.

Zu danken habe ich für helfendes Begleiten und Mittragen meiner Frau Renate Lenz[3], für gütige Durchsicht Herrn Dr. habil. Wilhelm Maas und für sorgfältige kritische Hilfe meiner Mitpriesterin Frau Ellen Huidekoper, Rotterdam.

Die Bergpredigt und ihr Ort in den vier Evangelien

Die Bergpredigt ist die wesentliche und entscheidende Zusammenfassung der Lehre und der Wegweisung Jesu Christi. Sie stammt aus seinem Munde selbst. In ihr können wir Grundlegendes für das Wesen des Christentums finden. Und durch sie finden wir den Sinn für das Leben und die Aufgabe der Christen. Wo ist sie zu finden?

Das Neue Testament ist die heilige Schrift des »Neuen Bundes«. Am Anfang enthält es als ersten Hauptteil die vier Evangelien, darauf die Apostelgeschichte, dann folgen die Briefe und die Offenbarung des Johannes. Die vier Evangelien des Matthäus, Markus, Lukas und Johannes können auch im Einklang mit dem überlieferten griechischsprachigen Urtext als das Evangelium *nach* Matthäus, Markus, Lukas und Johannes bezeichnet werden – auf der Grundlage der Anschauung, daß es das *eine* Evangelium als die frohe Botschaft Gottes an die Menschen gibt. Und dieses Evangelium entfaltet sich auf vierfache Art durch die vier Evangelisten im Niederschlag der vier Schriften. Jedes Evangelium wird dem Leser eine besondere Seite und einen spezifischen Charakter zeigen. So wie ein Baum aus verschiedenen Richtungen angeschaut jeweils unterschiedlich aussieht und doch immer der gleiche Baum ist, so blicken wir durch die vier Evangelien auf verschiedene Seiten des *einen* Evangeliums.

Das erste dieser Vierheit ist das Evangelium nach Matthäus. Und in diesem Evangelium ist ziemlich am Anfang in den Kapiteln 5-7 die Bergpredigt wiedergegeben. Was geht ihr voraus?

Das erste Kapitel schildert die Menschwerdung Jesu Christi. Im ersten Teil (Mt 1,1-17) wird Jesus Christus als Sohn Davids und Sohn Abrahams beschrieben. Durch eine Geschlechterfolge von 3 mal 14 Generationen hindurch wird seine Herkunft nach Leib und Blut aus der Reihe der Ahnen aufgezeigt.

Im zweiten Teil des ersten Kapitels (Mt 1,18-25) wird die Geburt Jesu geschildert, und zwar hier aus der Erfahrung und Sicht des Vaters Joseph. In der Weihnachtsgeschichte des Lukas wird die Geburt Jesu aus der Sicht der Mutter Maria wiedergegeben (Lk 2,1-20). Das Kapitel endet mit der Nennung des Namens des Sohnes Davids, des Sohnes Abrahams und des Sohnes des Joseph als Jesus = der Heiland, der Erretter.

Das zweite Kapitel enthält vier Szenen aus der Kindheit Jesu: die Anbetung der Weisen (Könige) aus dem Morgenland; die Flucht nach Ägypten; der Kindermord des Königs Herodes und die Rückkehr aus Ägypten. Dabei folgt der Vater Joseph den Weisungen, die er durch den Engel aus der geistigen Welt heraus empfängt. Im wörtlichen Sinne darf man sagen: Joseph lenkt das Schicksal seiner geheiligten Familie nach dem Hören des Evangeliums. Er folgt den Worten des Engels.

Das dritte Kapitel setzt bei der Wirksamkeit und Verkündigung von Johannes dem Täufer ein. Es überspringt also etwa die Zeit vom 2. bis zum 29. Lebensjahr Jesu und zeigt uns die einsame Wüste, durch die der Jordan fließt, als Wirkensort des Täufers Johannes. Dann wird die Taufe Jesu im Jordan beschrieben bis zum Eintritt der Offenbarung des Vatergottes hin, der Jesus als seinen Sohn bezeichnet, durch den er wirken will. Das Motiv des Sohnes vom Menschen und des Sohnes Gottes durchzieht die ersten drei Kapitel.

Im vierten Kapitel lesen wir von der Versuchung Jesu Christi (Mt 4,1-11). Die Einwohnung Gottes in den Menschen Jesus durch die Taufe ruft die Widersacher auf den Plan. In einem vierzigtägigen Ringen werden sie überwunden. Im folgenden Teil wird der Beginn der Wirksamkeit Jesu Christi beschrieben: Sein Gang nach Kapernaum als die neue, selbstgewählte Heimat, der Beginn seiner Verkündigung in der inneren Fortführung der Predigt des Täufers durch das Motiv »Wandelt Euren Sinn. Lernt ein neues Denken, tut Buße, denn das Reich der Himmel ist nahe herbeigekommen«. (Mt 4,17)

Dann folgt die Berufung der Jünger und sein Lehren in den Synagogen, das übergeht in den Anfang seines Heilwirkens für »alle Krankheit und alle Gebresten« der Menschen. (Mt 4,23)

Außer den Jüngern, die ihm nachfolgen, beginnt nun auch das Volk, ihm nachzuwandern, seine Botschaft zu hören und Anteil zu nehmen an seinen Taten. Nach all diesem ist der für unsere Betrachtung wichtige Punkt erreicht: Nun hebt im ersten Evangelium die erste und umfassendste Unterweisung Jesu Christi an. Sie bildet den Inhalt der Predigt auf dem Berg.

Im folgenden werden wir die Parallelen, die sich im Evangelium nach Lukas im 6. Kapitel finden (6,20-41), die sogenannte Feldpredigt Jesu, außer acht lassen. Wir wenden uns der Ganzheit der Bergpredigt nach Matthäus in ihrer Komposition und den Einzelheiten ihrer Gliederung zu.

Das Bild der Wüste

Als er die Menge des Volkes sah,
stieg er auf den Berg.
Und da er sich setzte,
traten seine Jünger zu ihm.
Und er öffnete seinen Mund
und lehrte sie
und sprach:

(Mt 5,1;2)

Die Bergpredigt beginnt mit der Wahrnehmung der Menschen durch Jesus Christus. Er sieht die Menge der Menschen. Sein Blick ruht auf den Scharen, die ihm nachdrängen und folgen. Bei der Taufe im Jordan begann sich der Gott im Menschen Jesus von Nazareth zu offenbaren. Nun schaut er die Situation der Menschen an. Als Gott sieht er tiefer. Er blickt auf den Grund der Seelen. Bislang sind die Menschen Hörer in den Synagogen (Mt 4,23) und nehmen die Botschaft von dem Reiche der Himmel in sich auf.

Wie kam es zu dieser Botschaft? Johannes hatte mitten in der Wüste seine Botschaft verkündet: Ändert Euer Denken, das Reich der Himmel ist nahe herbeigekommen! Er ist der Vorläufer und Wegbereiter. Er weist auf den nach ihm Kommenden, der größer ist als er. Johannes ist die Weltenstunde bewußt, in der alles

Paradiesische verglommen und untergegangen ist. Aus dem Garten der lebendigen Gottverbundenheit vertrieben, ist der Mensch durch den Fall ganz auf der Erde angekommen. Erde, Staub, Sand umgeben ihn. Das Leben ist gewichen. Wüste breitet sich aus. Nicht nur die Wüste damals, in der Johannes der Täufer zur Sinneswandlung aufrief. Auch heute, am Ende des 20. Jahrhunderts, wissen wir: Auf der Erde weicht das Leben und die Fruchtbarkeit, die Wüste nimmt zu.

Doch ist die Zunahme der äußeren Wüste auf Erden Ausdruck einer zunehmenden Verwüstung im Inneren des Menschen. Das bewußte Leben der Seele und ihre schöpferischen Kräfte schwinden. Die Phantasie und die lebendigen Ideen nehmen ab. Sie werden durch das Verhalten der Menschen im technischen Zeitalter gefährdet und bedroht. Friedrich Nietzsche kündigte diesen Todeszustand draußen in der Natur und drinnen in den Seelen bereits an: »Die Wüste wächst: weh dem, der Wüsten birgt!« Er fühlte an der Schwelle zu diesem Jahrhundert voraus, daß den Umweltproblemen ein Inweltproblem des Menschen vorangeht. Später schrieb der französische Pilot Antoine de Saint-Exupéry sein Lebenswerk und gab ihm den Titel: »Die Stadt in der Wüste«. Er erkannte den Zustand des Zeitgenossen und sein Wohnen in der Stadt im Bild der Wüste. Sie kennzeichnet von Johannes dem Täufer an bis heute die Gottverlassenheit des Menschen. Doch der Wegbereiter Jesu Christi mied die Wüste nicht. Er suchte sie auf. Er wußte davon, daß Seelen, die keine Sinneswandlung zu Gott hin vollzogen haben, den brennenden Durst nach Dasein, die Sehnsucht und Sucht nach

Leben und die Stunden der Leere empfinden. Er kannte die Wüste um sich herum und in sich selbst.

Johannes der Täufer aber suchte den Strom auf, der mitten durch die Wüste fließt, den Jordan. An diesem Strom lebendigen Wassers wirkte er. Er tauchte die Menschen, die seinem Ruf folgten, in das fließende Wasser unter. Das Eintauchen in den Strom führte an den Rand des Ertrinkens. Der erwachsene Täufling wurde einen Augenblick von seiner Leiblichkeit gelöst und fand den Zugang zur geistigen Welt. An der Schwelle des Todes öffnete sich ihm der Himmel. Er erfuhr lebendigen Geist. Das Jordanwasser wurde ihm zum inneren Wasser des Lebens. Wer in das fließende lebendige Wasser getaucht und somit getauft war, der kannte das Reich der Himmel aus eigener Schwellenerfahrung. Es war ihm von außen nahe herbeigekommen, wie es der Täufer verkündet hatte.

Jesus Christus schließt seine Verkündigung unmittelbar an Johannes an. »Seit der Zeit fing Jesus an zu predigen und zu sagen: Ändert den Sinn, das Reich der Himmel ist nahe herbeigekommen!« (Mt 4,17) Seine Botschaft greift die des Täufers auf. Im Blick auf die Menschen verkündet er die gleiche Verheißung, die frohe Botschaft, daß inmitten der Wüste ein unsichtbarer Lebensstrom fließt, in den der Mensch einzutauchen vermag, wenn er sich taufen läßt. Die Lehre vom Reich, die Botschaft von der Nähe der Himmel, wird Inhalt seiner Lehre in den Synagogen wie unter freiem Himmel. Die Menschen horchen auf. Sie fühlen die Gewalt der Stimme. Sie hören die Macht der Worte. Sie werden im Innersten betroffen in ihrer Vereinzelung, ihrer Einsamkeit, ihrer Gottverlassenheit. Sie beginnen ihm zu folgen. Die Nachfolge Jesu setzt ein. Und da Lehrwirken zugleich ein Heilwirken ist, fängt die Wirksamkeit Jesu als Therapeut und Arzt an. Er heilt »alle Krankheit und alle Gebresten« (Mt 4,23). Er wendet sich den Kranken zu, den Kranken, in denen an der Stelle des Ich ein anderer »sitzt« und agiert – die Besessenen; den Kranken, die sich traumhaft nächtlich, in ihrer Seele süchtig, dem Monde zuwenden; den Kranken, deren Lebenskräfte versiegen und verdorren; Leben, Seele und ichlose Person werden durch Christus geheilt.

Dies alles hatte begonnen. Das Elend durch die Armut des äußeren Lebens, das Versiegen der Lebenskräfte, die mangelnde Bewußtheit der Seelen, die Schwäche im Ich der Besessenen, die Menschen in der Wüste nimmt Christus wahr. Das Auge des Gottes sieht die Krankheit und die Not der Menschen. Und Gott ist kein Zuschauer. Was er sieht und was er dem Los der Menschen abliest, veranlaßt ihn zum Handeln.

Der Berg

Der Blick auf das Volk führt zur Höhe hinauf. Zunächst zieht er sich mit den Jüngern zurück. Aber nicht, weil er vor dem Elend der gefallenen Menschheit zurückweicht, sondern weil er einen höheren Standpunkt einnimmt. »Er stieg auf den Berg.« Martin Luther übersetzte noch »einen Berg.« Es ist aber nicht ein beliebiger Berg, es ist *der* Berg. Der Berg der Versuchung, der Berg der Himmelfahrt, der Berg des

Pfingstereignisses – immer sind es Höhenorte, herausragende Stätten, Orte, die der Mensch erst ersteigen muß, die den Weg aufwärts führen, die den Himmel näher sein lassen.

Warum sind die Berge so wichtig in den Religionen und Kulturen? Der Religionsforscher Gustav Mensching erinnert an den heiligen Berg Fuji in Japan, den Himalaya in Indien, den Elbrus in Persien, den Olymp als »Göttersitz« der Griechen, den Libanon der Phönizier. Der Sinai war als Ort der Offenbarung des jüdischen Gesetzes und des Kultus ein heiliger Berg für das Judentum.[4] Moses empfing auf der Bergeshöhe die zehn Gebote und schaute die Urbilder des jüdischen Kultus.

Jesus Christus steigt auf den Berg. »Und da er sich setzte, traten seine Jünger zu ihm.« Der Lehrer nimmt seinen Sitz ein, die Schüler stehen.

Das Sitzen und der »Sitz« haben eine weitreichende Bedeutung. Der frühchristliche Bischof sitzt beispielsweise auf seinem »Stuhle« der Gemeinde beim Gottesdienst gegenüber. Wenn der Papst seinen »Sitz« einnimmt und von der »cathedra« aus lehrt, ist es für alle Katholiken verbindlich. Er spricht »ex cathedra« – vom Sitze her.

Jesus Christus setzt sich. Für seine Schüler ist dies das Zeichen, daß er lehren wird. Sie treten zu ihm heran. Sie umgeben ihn. Anders als die Volksmenge sind sie einzelne, die ihm nachfolgen und einen engsten Kreis um ihn bilden.

Die Bergpredigt ist zunächst an die zwölf Jünger

gerichtet. Nehemia berichtet, daß dem Esra zwölf Gefährten zur Seite stehen, als er die Thora, das heilige Gesetz, dem Volke vorlas (Neh 8,4), und im Buch Sirach wird geschildert, wie die Söhne Aarons, die Priester, beim Opferdienst im Tempel um den Hohenpriester herumstehen, um mit ihm den Gottesdienst zu verrichten (Sir 50,11f.).

Das heilige Bild wird hier bei der Predigt auf dem Berge in seiner Schlichtheit noch gesteigert. Der *monte beatitudine*, der Berg der Seligpreisung, liegt etwa eine halbe Stunde westlich von Kapernaum, der selbstgewählten Heimat Jesu. Schaut der Betrachter von ihm aus südostwärts, so sieht er das galiläische Meer, den Spiegel des Sees Genezareth, der vom Jordan durchströmt wird. Im Osten liegt die Wüste, der See selbst ist von fruchtbarstem Land umgeben. Je nach Höhe gibt es die subtropische und gemäßigte Zone, bis im Norden Schnee und Eis des Berges Hermon in der Sonne glänzen. Was vom Pol bis zum Äquator auf der Erde ausgebreitet ist, hier liegt es stellvertretend für die Ganzheit der Erde vor dem Auge. An der Bergpredigt haben nicht nur die Jünger und nicht nur die Volksmenge teil – die Reiche der Natur und alle Landschaftsformen der Erde sind Zeugen des Wortes.

Der Leser der Bergpredigt und damit der Hörer des Evangelienwortes sollte versuchen nachzuvollziehen, was vor ihm durch Christus geschehen ist. Er wird sich um das Besteigen des Berges bemühen. Das Flachland des Alltags wird er Schritt für Schritt auf dem Weg zur Höhe verlassen, um mit seiner Seele und seinem Verständnis an dem Höhenort anzukommen, von dem aus Christus spricht. Das Verlassen des Gewohnten, das Aufsteigen, die Höhe, die andere Luft des Geistes sind Elemente, die zum Aufnehmen der Gottesworte der Bergpredigt notwendig sind.

Drei Schritte zum Wort

Im Dreischritt der feierlichen Worte »er tat seinen Mund auf – lehrte sie – und sprach« schließt der hinführende Teil ab, bevor die Lehre vom Himmelreich unter den Menschen auf Erden beginnt. In den Worten ist die Weihe zu spüren, mit der die Bergpredigt anhebt. Die feierliche Wendung »er tat seinen Mund auf« weist auf den bewußten Entschluß und den tätigen Vorgang des Anfangs. Im 119. Psalm heißt es: »Die Erklärung Deiner Worte bringt Erleuchtung, den Unerfahrenen schenkt sie Einsicht. Weit öffne ich meinen Mund und lechze nach Deinen Geboten, denn nach ihnen habe ich Verlangen.« (Ps 119,130). Das Öffnen des Mundes leitet das Beten oder das Reden über Göttliches ein.

Der zweite Schritt erschließt das Lehren, das dem Öffnen des Mundes folgt. Im Alten Testament war es ein Vorrecht der Propheten und Priester. Im Lehren wird das Wort Gottes überliefert, wie es sich im Gesetz niedergeschlagen hat. Wer lehrt, läßt Gott sprechen. Gott spricht sich in der Lehre aus. Bisher galt allein das Mosaische Gesetz. Mit der Lehre Jesu fängt das neue Gebot an. Es führt den Hörer zum Geheimnis der Reiche der Himmel hin. Die Lehre wird selber zum

Weg, der zum Tore, der engen Pforte, führt.

Das dritte Motiv in diesem Satz nach dem Öffnen des Mundes und dem Lehren ist die einfache Aussage: »Und er sprach.« Ist das nicht ganz selbstverständlich? Bedarf es dieser dreifachen Aussage und eines dritten Schrittes?

Dem Evangelium liegt die Anschauung zugrunde, die der Anfang des Johannes-Evangeliums formuliert: Im Anfang war das Wort. Das Wort – der Logos – war Gott. Sein Sprechen schuf die Welt. Aus der »Äußerung« Gottes ging die Welt hervor. Unser Wort »Universum« birgt noch dieses Geheimnis der Schöpfung: Das Eine – umgewendet. Der *ur-eine* göttliche Weltengrund, der allem zugrunde liegt, äußert sich, spricht, und aus dem Wort wird Welt. Wird dieses weltschöpferische Wort in Jesus Christus Mensch und beginnt es nach der Taufe im Jordan sein Wirken unter den Menschen, dann fängt eine neue Schöpfung an.

Die Bergpredigt als Neu-Anfang

Vom Paradies bis zur Zeitenwende – der Wüste und dem Kreuz – geht die erste Schöpfung. Die zweite, die von der Zeitenwende bis zur Weltenzukunft, dem himmlischen Jerusalem, währt, fängt mit dem Worte Jesu Christi an. Sein Sprechen steht am Anfang einer neuen Welt. Die Bergpredigt ist die erste große zusammenfassende Rede im Evangelium des Matthäus und damit im Neuen Testament überhaupt. Mit ihr fängt eine neue Welt an.

Sie muß im Anfang das Ziel enthalten. Darum erscheinen so viele Motive als unerfüllbar, unerreichbar für den Menschen. Ist das Christentum der Bergpredigt nicht eine Utopie? Stellt es nicht Ideale auf, die in ihrer Höhe nie zu erreichen sind?

Christus spricht. Sein Wort zu den Jüngern spricht zunächst Schüler, Jünger, Einzelne an. Hinter ihnen steht die Menge, das Volk. In einzelnen bahnt sich immer das Zukünftige an, das eines Tages viele leben können.

Die Bergpredigt ist ein organisches Ganzes. Die Sätze und Motive folgen einander wie die Teile einer Bachschen Fuge. Sie ist komponiert. Ihre Komposition gliedert das Ganze in sinnvolle Teile, die aufeinander bezogen sind und die sich steigern.

In drei inhaltsschweren und gewaltigen Abschnitten der Komposition wird die Lehre vom Reich der Himmel ausgesprochen. Am Anfang stehen die neun Seligpreisungen. Sie enthalten die Tatsache des Reiches der Himmel, die in der ersten, achten und neunten Preisung auch unmittelbar genannt werden. Sie begründen das Reich der Himmel im Innersten des Menschen auf Erden. Dieser Teil reicht im 5. Kapitel vom ersten bis zum sechzehnten Vers. Der dritte Abschnitt enthält das Ziel der Lehre. Der Wille wird auf dem schmalen Weg der Bergpredigt zur »engen Pforte« geführt. Der Durchgang und das Tor zur geistigen Welt sollen durchschritten werden. Dieser dritte Teil reicht im 7. Kapitel vom dreizehnten bis neunundzwanzigsten Vers.

Zwischen den Verheißungen der Seligpreisungen und dem Ziel, also von 5,17 bis 7,12, liegen als der mittlere Teil dieser Dreigliederung die Stufen des

»neuen Gebotes«. Sie sind die Lebenselemente und der Weg, der zu gehen ist, um das Reich der Himmel im Menschen zu veranlagen oder anfangsweise zu verwirklichen.

Wenden wir uns nun dem ersten Abschnitt, den Seligpreisungen, zu.

Die Seligpreisungen

Selig sind, die um Geist betteln,
in sich selbst finden sie das Reich der Himmel.
Selig, die da Leid tragen,
in sich selbst finden sie den Geistestrost.
Selig, die ihre Seelen zur Sanftmut erziehen,
in sich selbst erfahren sie den Sinn der Erde.
Selig, die hungern und dürsten nach Gerechtigkeit,
denn sie werden gesättigt werden.
Selig, die Barmherzigkeit üben,
denn ihnen wird Barmherzigkeit zuteil.
Selig, die reinen Herzens sind,
denn sie werden Gott schauen.
Selig, die Frieden stiften,
denn sie werden Söhne Gottes genannt werden.
Selig, die um der Gerechtigkeit willen verfolgt werden,
denn ihrer ist das Reich der Himmel.
Selig seid ihr, wenn sie euch schmähen und verfolgen und alles Böse wider euch sagen als Lügner um meinetwillen.
Freuet euch und frohlocket: denn euer Kampfpreis ist reich in den Himmeln.
Denn so haben sie die Propheten vor Euch verfolgt.

(*Mt* 5,3–12)

Neunfach setzen die Seligpreisungen mit der Verheißung »selig« ein. Uns ist es schwer, diese Worte in ihrer spirituellen Tiefe zu hören, wir sind der veralteten Sprache der Religion überdrüssig. Das Wort geht auf die indogermanische Wurzel *sel* = günstig, guter Stimmung zurück, wird im Althochdeutschen zu *seli* = glücklich, gut. Im Mittelalter wird von der *saelde* gesprochen. Von dem preußischen König Friedrich II. (1712-1786) wird das Wort überliefert: »Jeden nach seiner Façon selig werden lassen.« Das bedeutete, daß jeder seine Konfession frei wählen sollte, da alle letztlich das gleiche Ziel haben: Anteil zu erringen an der Seligkeit, d.h. nach dem Tod der himmlischen Freuden teilhaftig zu werden. In der katholischen Kirche können Menschen, die ein heiligmäßiges Leben geführt haben, nach dem Tode selig gesprochen werden. Ihnen wird dann durch die Messe in einem begrenzten oder gar lokalen Bereich Verehrung durch das Gebet der Kirche zuteil.

Einen neuen und kraftvollen Klang erhält das Wort Seligkeit durch Goethe und Fichte. Goethe gibt in seinem Werk »Wilhelm Meisters Wanderjahre« einer der Frauengestalten den Namen »Makarie«. Er knüpft damit unmittelbar an das neunfache griechische *makarioi* – selig – der Bergpredigt an. Makarie ist eine Seherin, hat »geheime Anschauungen« und »entzückende Gesichte«, sie ist eine weise Frau, welche die Geheimnisse des Kosmos von innen her geistig schaut.[5]

Neben dem Weisheitsklang des Wortes »selig« in Gestalt der Frau Makarie bei Goethe bekommt es im deutschen Idealismus bei Johann Gottlieb Fichte einen kraftvollen und geistoffenen Inhalt. Für die Sonntagsstunde von zwölf bis ein Uhr kündigt der große Denker am 12. Januar 1806 an der Berliner Universität eine Reihe von zwölf Vorlesungen an mit dem aufsehenerregenden Titel »Die Anweisung zum seligen Leben«. In großen Gedankenschritten entwickelt er eine Lebenslehre: »Das Leben ist notwendig selig, denn es ist die Seligkeit; der Gedanke eines unseligen Lebens hingegen enthält einen Widerspruch. Unselig ist nur der Tod ... Das Leben ist selber die Seligkeit ... Anders kann es nicht sein; denn das Leben ist Liebe, und die ganze Form und Kraft des Lebens besteht in der Liebe und entsteht an der Liebe.« (1. Vorlesung) Die Ewigkeit umgibt uns. Sie bietet sich uns dar. Wer sie ergreift und sich ergreifen läßt, hat damit Teil an ihr und wird selig: »Ganz gewiß zwar liegt die Seligkeit auch jenseits des Grabes für denjenigen, für welchen sie schon diesseits desselben begonnen hat, und in keiner andern Weise und Art, als sie diesseits in jedem Augenblick beginnen kann; durch das bloße Sichbegrabenlassen aber kommt man nicht in die Seligkeit.« (1. Vorlesung)

Für Fichte ist die Seligkeit für jeden aktiv Suchenden zu erringen. Nicht erst im Nachtodlichen oder in einer fernen Zukunft, sondern durch mutvolles Ergreifen in innerster Tätigkeit des Denkens erschließt sich die Welt, die mit Seligkeit erfüllt. Seligkeit ist also der Zustand, der für eine Seele eintritt, wenn sie von der Fülle der geistigen Welt berührt und wenigstens für den Augenblick erfüllt und durchdrungen wird. Das Gotteserlebnis bewirkt Seligkeit.

Diese Stimmung eines großen Philosophen mag helfen, die neun Seligpreisungen neu aufzunehmen und in ihrer gegenwärtigen Aktualität und Zukünftigkeit zu hören.

Ein erster Blick auf die Neunheit der Seligpreisungen zeigt wieder eine Dreigliederung.

- Die erste Dreiheit umfaßt, was der Strebende in seinem Inneren erleben kann, wenn er die Nähe der Reiche der Himmel inmitten des irdischen Lebens erfährt.
- Die zweite Dreiheit umschließt das neue Verhältnis des einen Menschen zum anderen in seelischer Art.[6] Sie weitet die erste Dreiheit des einzelnen in die mitmenschliche Sphäre.
- Die dritte und letzte Dreiheit spricht von dem geistigen Wirken derer, die zu Trägern der Reiche der Himmel geworden sind. Es sind die wenigen und einzelnen, die das Jüngertum Christi vorleben.

*

Selig sind, die um Geist betteln,
in sich selber finden sie das Reich der Himmel.

(Mt 5,3)

Der Prophet Jesaia hat im Alten Testament gesagt: »Frohe Botschaft den Armen zu künden, hat er mich gesandt!« (Jes 61,1) War der vorchristliche Mensch noch reich, wenn er ekstatisch das Reich der Himmel außer sich zu schauen vermochte, im Traum noch der geistigen Welt nahe war, schreitet nun die Entwicklung zur Verarmung des Bewußtseins voran. Der Mensch kommt, wie soeben geschildert, in der Wüste der Geistverlassenheit an. Die alte Verbundenheit mit den Himmeln trägt nicht mehr. So wie beim Kind, das auch unweigerlich in das Bewußtsein der Erwachsenen hineinwächst, verdämmert die alte Hellsichtigkeit. Götterdämmerung zieht herauf. Armut des geistigen Erlebens tritt ein. Arm fühlt sich der Mensch angesichts der Fülle und des Reichtums der Gottheit.

Diese Armut aber kann zum Fortschritt werden. Kann sich vielleicht nur so die freie Persönlichkeit selbst finden, wenn sie nicht mehr der Fülle alten geistigen Erlebens unterworfen ist? Dann kann mit dieser Armut im Geist eine neue Chance, eine neue Möglichkeit der Zukunft aufgehen. Gotterfüllt und gottinnig vermag ein Mensch zu werden, der aus existentieller Not um den Geist bittet wie ein Bettler um das tägliche Brot.

Wer sich nicht durch äußere Umstände bestimmen läßt – gleich ob arm oder reich –, sondern in innerer Freiheit willentlich der geistigen Welt gegenüber seine Armut sieht und bekennt, aber unablässig um eine neue Gotterfüllung bittet, betet und bettelt, der steht am Anfang des Weges der neun Seligpreisungen. Das Bewußtsein seines Mangels läßt ihn den inneren Sinn ganz auf die Schätze des Himmels, nicht auf den Reichtum an äußerer Habe richten. Der Beter wird zum Bettler um Geist.

Immer wieder wurde die erste Seligpreisung mißverstanden oder auch falsch übersetzt: »… arm an Geist.« Das würde nicht nur der ersten Stufe der Neunheit widersprechen, sondern auch das negative Bild der Jünger und des Christus erwecken, als sei eine Beschränktheit im Geistigen, eine geistige Armut, Voraussetzung der Seligkeit. Sprachlich ist das nicht möglich, da der Dativ im Urtext nicht das angibt, woran der Bettler Mangel leidet, seien es die natürlichen oder göttlichen Gaben des Geistes, sondern »den Bezirk, in dem die Armut ihre Stätte hat.«[7] Nirgends ist im Alten oder Neuen Testament eine »geistliche Armut« belegt, die noch im Neuen Testament Martin Luthers[8] genannt wird.

*

Selig sind, die da Leid tragen,
in sich selber finden sie den Geistestrost.

(Mt 5,4)

Das Leid, der Schmerz, die Klage, die Trauer sind in der griechischen Kultur noch mit Seufzen, Weinen und lautem Klagen verbunden. Das Erdenleid, das der Mensch nach seiner Geburt erfährt, hat zur Entstehung einer großen Weltreligion geführt. Als der Prinz Sudhodana etwa 600 vor Christus in Indien einen alten, einen gebrechlichen kranken und einen toten Menschen erlebt, erwacht in ihm die Frage nach dem Sinn dieses Leides. Nur der Durst nach Dasein, der Wille, im Leib auf Erden zu leben, schafft das Leidvolle der menschlichen Existenz. So kann auch nur eine Befreiung vom Durst nach Dasein, ein übendes Streben nach Loslösung vom Leib und der Erde die Seligkeit des Nirwana schenken. Sein Nein zum Leib, sein Nein zum Leben, sein Nein zur Erde entspringt der Sehnsucht, Befreiung vom Leid zu finden. Darin sieht der spätere Gautama Buddha das Ziel. Der Buddhismus trägt noch dieses Zurückbeben vor dem Leid und der irdischen Existenz in sich. Wir haben diesen Buddhismus gewissermaßen in uns, wenn wir den Sinn des Leides nicht finden, wenn wir den Schmerz vermeiden wollen, wenn wir nur passiv und ohnmächtig erleiden, was uns das Leben zufügt.

Der neue Klang der zweiten Seligpreisung ist der Mut und das Vertrauen in den Menschen, daß er das Leid tragen lernt. Er akzeptiert es, er hat nicht das Gefühl, daß es ihm einfach oder gar durch Zufall zustößt, sondern daß in ihm ein verborgener Sinn, eine Anfrage des Schicksals an seine Tragekraft liegt.

Der Arzt und Dichter Gottfried Benn ist in einem Aufsatz »Genie und Gesundheit« (1930)[9] der Frage nachgegangen, inwiefern Krankheit, Lebensbehinderung und leidvolle körperliche Verfassung von starken Persönlichkeiten geradezu als Widerlager zur Steigerung der Fähigkeiten erlebt wurden. Zum Beispiel hatte Mozart ein Ohr, das auf einer niederen Entwicklungsstufe stehengeblieben war; Beethoven litt an Otosklerose, einer schweren Erkrankung, die zur Taubheit führt; der Maler van Gogh rang den Reichtum seiner Bilder der beispiellosen Armut und physisch-psychischen Erkrankung ab.

Unendliches ist der Menschheit an Geistesgaben geschenkt worden, indem einzelne das Leid, das ihnen in ihrem Leben widerfuhr, getragen und verwandelt haben in einer Steigerung der schöpferischen Kräfte. So vermag aus dem Leid, das als Fluch erlebt wurde, Segen und Seligkeit zu werden. Die Prüfungen des Schicksals können durch Überwindung zur Stärkung führen, Stufen auf dem Weg zur engen Pforte der Einweihung werden. So können wir Trost durch neue Kraft aus überwundenem und gesegnetem Leiden empfangen. Die Nähe der geistigen Welt kann erfahren werden: »Der Schmerz ist die Berührungsstelle von Irdischem und Überirdischem.«[10]

Die Tröstung weist auf Christus selber hin. Wenn hier im Griechischen die passive Form von *parakalein* steht – getröstet werden –, so wird dadurch nach frommer Art der Name Gottes verhüllt. Der Trost durch den Tröster gehört zu den Hoffnungen, die der Leidtragende ersehnt. Tröster – Paraklet – ist ja der Name für den Heiligen Geist, den Christus sendet. Durch den Geist und seine Gnade erfährt derjenige, der das Leid annimmt und trägt, Hilfe und Tröstung. Der Trauernde wird beispielsweise bei einer Bestattungsfeier durch das Wort des Rituals, das heißt durch den Geist, der in ihm enthalten ist, objektiv getröstet, mehr als durch menschliche Beileidskundgebungen. Der Psalmist David hat bereits im 126. Psalm dieses Motiv vorweggenommen:

Die mit Tränen säen, werden mit Freuden ernten.

Die Ernte im Schicksal ist oft Frucht des Leides, des unter Tränen Säens, bis wir die Fähigkeit zum Tragen des Leides errungen haben.

Selig, die ihre Seelen zur Sanftmut erziehen,
in sich selbst erfahren sie den Sinn der Erde.
(Mt 5,5)

Hat die erste Seligpreisung die Sehnsucht nach dem Reiche der Himmel aus der leiblichen Existenz heraus zum Inhalt und spricht die zweite die Lebensschicht an, in der das Leid des Lebens verwurzelt ist, so ist mit dem Motiv der Sanftmut das seelische Gebiet erreicht. Allerdings ist hier zunächst die Übersetzung des griechischen Wortes *praus* ungenügend.

Deutlicher wird sein Sinn in der französischen Sprache. In ihr zeigen sich die Laute des Griechischen in dem Wort *brave* = tapfer. Im Deutschen hören wir allerdings bei »brav« nur noch das Sanftmütige. Im Ruf »bravo!« loben wir jedoch die Leistung, das Tüchtige und das Hervorragende. So weist das Wort *praus* mehr auf den seelischen Mut und die Frucht eines Ringens hin, bei dem der seelisch Tapfere sich selbst überwindet und dadurch die Fähigkeit zur Milde und weisen Sanftmut erhält.

Wer erfährt, was alles in der Seele als Hinderung und Unruhe der Gotterfülltheit entgegensteht, wird die Demut erstreben und den Mut gegen sich und seine Leidenschaften wenden. Kämpft er den Kampf gegen das Elementarische in seiner Seele, wird die Besänftigung, die Sanftmut, als Preis dieses Ringens erreicht werden. Als Herr über sich selbst, als Herrscher im Inneren der Seele, erreicht er die Bestimmung des Menschen und damit den Sinn der Erde.

Wiederum geht es darum, den falschen Schein von

christlicher »Milde und Sanftmut« zu überwinden und mitzufühlen, welches Ringen in einer Seele zu leisten ist, die sich dem Ewigen zuwendet und das Übersinnliche der geistigen Welt im Sinnlichen sucht. Die seelische Reife, die durch Mut erreichte Sanftheit, ist wohl gemeint. Denn wie sollte sich die Seligkeit in einer Seele spiegeln, wenn diese nicht durch das Gewissen und die Wandlungskraft des Ich zur Ruhe gekommen ist?

*

Selig, die hungern und dürsten nach Gerechtigkeit,
denn sie werden gesättigt werden.

(Mt 5,6)

In der vierten Seligpreisung geht das zu sich selbst gekommene Ich des Menschen über sich hinaus. In der jetzt anhebenden Dreiheit ist der andere, das Du, der Mitmensch einbezogen. Der Strebende entdeckt, daß andere nach dem gleichen Ziele unterwegs sind, daß seine Sehnsucht, sein Streben nach Seligkeit, sich mit dem anderer Seelen trifft. Ein jeder hat die Chance, sich selber zu finden, und dann, nach dieser Selbstfindung, als Gottsucher das Ewige zu suchen. Die Gerechtigkeit, von der hier gesprochen wird, existiert als Recht für jeden Menschen. In der Sphäre des Rechts ist die Würde des Menschen geborgen. Wem neben dem eigenen Recht darüber hinaus das Lebensrecht des Mitmenschen zur inneren Notwendigkeit wird, der hungert und dürstet danach, daß es zur Entfaltung kommen kann. Er wird nicht ruhen, bevor nicht Gerechtigkeit waltet.

Wer je in einer Schulklasse das Rechtsempfinden der Gemeinschaft verletzt hat, weiß, was eingesetzt werden muß, bis Befriedigung, Sättigung eintritt. Wer so für die Gerechtigkeit eintritt und nach ihr verlangt, wie er physisch die Sättigung durch Nahrung und Stillung des Durstes sucht, der gelangt dazu, den Zusammenhang der einzelnen Menschen zu fühlen, die zum Geist unterwegs und letztlich im geistigen Urgrund der Welt geborgen sind.

Inmitten der Gemeinde ist der Altar der Tisch des Herrn. Als Zeichen des Neuen Bundes hat dieser das heilige Mahl gestiftet, das Sakrament von Brot und Wein. Wer hungert und dürstet nach der Lebensverbindung mit Christus, wird die Sättigung erfahren. Allerdings gehört zum Vollzug der Kommunion, daß jeder seine Mitmenschen wahrnimmt, die gleich ihm hungern und dürsten. Alle bekommen die gleiche Speise, vor Gott sind alle gleich. Schenkt er sich durch die Gaben, dann waltet Gerechtigkeit: Als Glieder eines Leibes sind alle miteinander verbunden.

*

Selig, die Barmherzigkeit üben,
denn ihnen wird Barmherzigkeit zuteil.

(Mt 5,7)

In dem »Buch der Sprichwörter« des Alten Testamentes klingt dieses Motiv bereits an:

Wer seinen Nächsten verachtet, sündigt;
wohl dem, der Erbarmen hat mit den
Notleidenden.

(*Spr* 14,21)

In der Folge der Seligpreisungen ist die fünfte Stufe erreicht. Innerhalb der zweiten Dreiheit umgreift sie die soziale Sphäre und bildet deren Mitte. Das kommt auch dadurch zum Ausdruck, daß die gleiche Qualität der Seele, die in die helfende Tat einem anderen gegenüber einmündet, auch dem Betreffenden selbst zuteil wird. Empfangen und Geben aus Barmherzigkeit ergänzen sich.

Wer Barmherzigkeit übt, der läßt das Herz sprechen. Er rechnet nicht, er hofft auch nicht auf Menschen- oder Gotteslohn, er erbarmt sich rein aus dem Herzen, das helfen will. In der Barmherzigkeit verbinden sich das Mitleid mit der Not des anderen und der Wille zur Hilfe.

Eine der zentralen Bitten der katholischen Liturgie ist die Bitte um das Erbarmen Gottes dem armen Sünder gegenüber: *Kyrie eleison* (Herr erbarme Dich). Das ganze Mittelalter ist von diesem Bittruf geprägt. Mit Christus wurde die Barmherzigkeit verbunden. Der Gläubige fühlte sich angewiesen auf sie. Er hoffte auf das Herz des Herrn. Er bat um Erbarmen.

Die Bergpredigt weist aber erst auf die Aufgabe des Menschen hin. Wer sie übt, der darf darauf hoffen, daß ihm Gleiches von Gott her zuteil wird. Das Leitbild dafür im Neuen Testament ist das Verhalten des barmherzigen Samariters (Lk 10,25-37). Diese Szene des

Evangeliums mündet ja in die Weisung Jesu ein: »So gehe hin und tue desgleichen!« Entkleiden wir wieder die Fähigkeit, Barmherzigkeit zu üben, von dem Geschmack, den das Wort durch zu häufigen Gebrauch bekommen hat, dann zeigt sich eine ganz herzhafte, nüchterne Sozialität: Der Samariter stößt auf dem Weg von Jerusalem nach Jericho auf einen Menschen, der unter die Räuber der Wüste gefallen war. Entkleidet, geschlagen und halb tot liegt er am Wege. Weicht er ihm mit dem Blick aus oder geht er an ihm vorbei wie der Priester und der Levit vor ihm, die dem Verwundeten durch das Blut des Volkes und die Religion eigentlich am nächsten waren? Er sieht den Armen, und er läßt das Herz sprechen. Er geht zu ihm und setzt nüchtern das zur Hilfe und Linderung ein, was er mit sich führt: Öl und Wein für die Wunden. Er legt einen Verband an mit dem, was er hat, dann transportiert er den Schwerverletzten zur nächsten Herberge und pflegt ihn – Krankenpflege als soziale Tat. Als er weiterziehen muß, gibt er den Pflegeauftrag, den er sich selbst gestellt hatte, weiter und zahlt dafür. Er gibt aus seinem Mitempfinden Hilfe als Antwort auf die erlebte Not. Er hat sich als »Nächster« erwiesen, obwohl er als Samariter einem anderen Stamm und Volk angehört. Seine Barmherzigkeit überwindet die Schranke des Blutes, des Volkes, der Religion.

Als »barmherziger Samariter« wird er damit zum Ideal von Orden und Organisationen, die sich dem »Samariterdienst« widmen. Aber vergessen wir nicht: die Seligkeit ist verbunden mit dem Üben der Barmherzigkeit. Wenn das Reich der Himmel nahe herbeigekommen ist und wenn es im Mitmenschen gegenwärtig ist, der als geistige Person ja Bürger der geistigen Welt ist, dann geht die Tat meines Herzens dahin, wo der Ursprung der Barmherzigkeit Gottes liegt.

Aus der Wahrnehmung der Not hebt Jesus Christus zur Bergpredigt an. Sind wir selbst die nackt am abwärts führenden Wege Liegenden, verwundet und halb tot und damit angewiesen auf einen, der nicht vorübergeht? Gott handelt anders. Er wirkt in seiner Barmherzigkeit durch das Herz und die Hand dessen, der Barmherzigkeit übt. Wer Barmherzigkeit übt, darf teilhaben an dem Reich der Himmel, das Menschen miteinander verbindet.

*

Selig, die reinen Herzens sind,
denn sie werden Gott schauen.

(*Mt* 5,8)

In der sechsten Preisung werden zwei Grundmotive miteinander verbunden: Die Reinheit des Herzens, der lebendigen Mitte des Menschen, und die Verheißung, Gott zu schauen. Im »Kleinen Prinzen« von Saint-Exupéry stehen die Sätze: »Man sieht nur mit dem Herzen gut. Das Wesentliche ist für die Augen unsichtbar.« Wie wird das Herz rein? Wie kann aus dem Herzen ein Organ werden, das sehen lernt? Ist das menschliche Herz berufen, Gott zu schauen?

In der Liebe von Mensch zu Mensch können wir erfahren, wie das Herz sehen lernt. Man erblickt einen Menschen. Auch andere haben ihn gesehen. Doch sie gehen an ihm vorüber, oder ihr Blick bleibt an der Oberfläche haften. In diesem Fall aber verdichtet sich der Vorgang vielleicht, man sieht den anderen nicht nur, sondern lernt ihn näher kennen, über die Bekanntschaft hinaus entsteht vielleicht eine Freundschaft. Plötzlich fängt man an, ihn mit dem Herzen zu sehen. Möglicherweise wird zunächst auch ein Verliebtsein hinzukommen. Dabei besteht die Gefahr, daß das Herz in die Irre geführt wird: es nimmt den anderen nicht rein auf, wie er ist und wie er werden kann, denn das eigene Begehren verstellt die Wahrnehmungsfähigkeit. »Irrungen und Wirrungen« können die Folge sein.

In der Bergpredigt wird die Aufgabe der Katharsis, der Reinigung und Reinheit des Herzens, ausgesprochen. Wie kann sie eintreten? Die Menschenweihehandlung, das Altarsakrament der Christengemeinschaft, beginnt mit dem Herzen. Das Herz des einzelnen wie das Herz der Gemeinde möge sich mit dem reinen Leben Christi erfüllen, so lautet die Bitte am Anfang.

Das Herz ist das religiöse Organ schlechthin. Ziel des religiösen Lebens ist die Erfüllung mit dem Leben des Christus, so daß er in die Wohnstatt des menschlichen Herzens einziehen kann. Das aber setzt eine Vorbereitung voraus – das Schaffen von Raum, die Reinigung des Herzens. Auch die Evangelienlesung der römischen Messe beginnt mit der Bitte: *Munda cor meum ac labia mea, omnipotens Deus* – Reinige mir das Herz und die Lippen, allmächtiger Gott.

Es gehört zur Reinigung, tätig den ursprünglichen Zustand herzustellen: Unreines, Unsauberes, Fremdes, Verstaubtes, Altgewordenes kann durch bewußtes

Üben so beseitigt und verwandelt werden, daß schließlich die Reinheit selbst erreicht ist und wirkt. Das Herz darf nicht besetzt sein, es ist nur dann frei und in Liebe dem anderen Menschen, aber auch Gott zugewandt, wenn es ein selbstloses Organ geworden ist.

Die Liebe zu Gott ist zunächst ein Erwecken der Liebe zum Unsichtbaren. Denn zunächst gilt die Verborgenheit und Unsichtbarkeit Gottes. Wer aber bereits in der sichtbaren Natur mit wachem Auge und liebendem Herzen die unsichtbaren Spuren der Schöpfung Gottes sehen lernt, der erübt die Reinheit des Herzens. Man betrachte einen Kristall: Wie ist der Stoff in der Reinheit der Farbe, der Klarheit der Form, im Spiel des Lichtes in den verschiedenen Flächen sichtbarer Ausdruck eines Unsichtbaren? Man betrachte eine lebendige Pflanze: Wie zeigt sie sich in all den Stadien ihres Wachstums vom unsichtbaren Samen in der Erde über den ersten Keim und Sproß bis hin zum Stengel und zu den Blättern, die sich von unten nach oben in ihrer Gestalt ständig wandeln, bis sie aus dem Grün übergehen zur einmaligen Farbe des Blütenblattes, Kelch werden, bis sich schließlich in der Frucht- und erneuten Samenbildung der Kreislauf schließt.

Das Herz als Organ der Wahrnehmung: für das Sichtbare und für das Unsichtbare, für den Menschen und für Gott. Die Seligkeit schenkt sich bereits dem rein Liebenden. Zu seiner reinen Liebe gehört, das Unsichtbare der geistigen Person des Du zu fühlen und wahrnehmen zu lernen. Die volle Seligkeit in der Liebe zu Gott tritt mit der Verheißung ein, daß Gott sich zeigt, daß er zu schauen ist.

Der Mystiker hat die Gottesschau im eigenen Innern gesucht. Dazu schloß er die Augen gegenüber der Welt des Sichtbaren (griechisch: *myein* = die Augen schließen). Die Bergpredigt führt darüber hinaus. Nicht einseitig nach außen durch das Auge und nicht einseitig nach innen durch die Seele soll der Christ schauen. Beides umgreifend in der Reinheit des Herzens, lernt der Schüler (Jünger) das Innen im Außen, das Außen im Innen, den Gott nicht in sich, sondern im anderen zu schauen.

Im 51. Psalm bittet der Psalmist:

> *Schaffe in mir, Gott, ein reines Herz*
> *und gib mir einen neuen, beständigen Geist.*
> *(Ps 51,12)*

Wer heute die Reinheit des Herzens sucht, dem wird die Gnade entgegenkommen: Wir schaffen es nicht allein, Gott schafft daran mit, aber der Ort der Begegnung, die Stätte der Verbindung, ist immer das Herz.

*

> *Selig, die Frieden stiften,*
> *denn sie werden Söhne Gottes genannt werden.*
> *(Mt 5,9)*

Der Seligpreisung der »Reinen des Herzens« folgt als siebte die Seligverheißung für die Stifter des Friedens. Die Übersetzung Martin Luthers von den »Friedfertigen« reicht nicht aus. Das Wort *eirenopoios* ist einmalig im Neuen Testament. Es sind die Schöpfer und Stifter des Friedens, die mit ihm bezeichnet werden. Zunächst mag man damit das Ende, die Austilgung von Auseinandersetzung und Streit verstehen. Aber das wäre nur ein Aspekt: das bloße Fehlen von Streit, Kampf und Krieg. Nach dem zweiten Weltkrieg gab es jahrzehntelang keinen Friedensvertrag. Der furchtbare Krieg endete in einem dauerhaften Waffenstillstand. Die Völker waren nicht mehr fähig, nach dem Beenden des Kriegszustandes aktiv den Frieden zu schaffen. Das Gleichgewicht der Waffen und später der atomaren Rüstung war ein Gleichgewicht der Angst: ein negativer Raum zwischen aktiver Kriegsvorbereitung, um den Krieg zu vermeiden.

So herrscht auch im einzelnen Menschen und der Beziehung der Menschen zueinander noch nicht wirklicher Friede, wenn der Streit ruht. Wie viele Seelen ringen in einem schweren Kampf mit sich selbst. Wie selten sind die Stunden wirklicher Ruhe, erfüllter Stille, erlebten Friedens. Rastlos nach außen tätig durch Arbeit und Beruf, weltweit für viele ein Ringen mit der täglichen Not, sind die Seelen eingespannt in das Joch des Tages. Unruhe, Nervosität, mangelnde Konzentration, seelische Zerrissenheit mit den unterschiedlichsten Krankheitssymptomen gehören zu den Gebresten der Seele. Und vieles, was seit der frühen Kindheit auf heutige Seelen einstürmt, zerstört Zug um Zug die Möglichkeit, Frieden zu fühlen oder gar zu schaffen. Die Symptome der Friedlosigkeit sind ernst. Eugen Drewermann zitiert im Hinblick auf diese Seligpreisung aus einem Bericht: »Ein amerikanisches Kind im Schulabschlußalter, das 12 000 Stunden im Klassenzimmer verbrachte, hat 24 000 Stunden vor dem Fernsehgerät gesessen und mindestens so vielen Morden zugesehen.« Im statistischen Mittel hat »jedes amerikanische Kind, wenn es 16 Jahre alt ist, in 33 000 Fällen zugesehen, wie im Fernsehen eine Waffe benutzt worden ist.«[11] Die Öffentlichkeit erzieht geradezu durch die Medien zur Nachahmung von Gewalt, nicht nur in den USA, die weiterhin die höchste Mordrate haben, sondern der Tendenz nach überall. Eine Friedenserziehung steht noch in den Sternen.

Die Beziehungen der Menschen untereinander in der Ehe, der Familie, am Arbeitsplatz, zwischen Arbeitnehmer und Arbeitgeber, sind ebenfalls Schauplatz mangelnden Friedens. In der problematischen Auffassung des Kampfes ums Dasein, die auf Charles Darwin zurückgeht, und der Theorie vom Klassenkampf, die sich im Marxismus daraus entwickelt hat, ist untergegangen, was Darwins weltanschaulicher Gegner Fürst Krapotkin bis in die Naturreiche detailliert begründete: die gegenseitige Hilfe in der Natur und beim Menschen ist stärker und häufiger als der Kampf gegeneinander.[12] Gegenseitige Hilfe jedoch ist erst eine Vorstufe des Friedens.

Der Staatsmann Mahatma Gandhi hat es als erster im 20. Jahrhundert gewagt, rückhaltlos durch Gewaltlosigkeit für den Frieden einzutreten. Allerdings meinte er: »Es ist ein eigenartiger Kommentar auf den Westen, daß es dort, obwohl er sich zum Christentum bekennt, kein Christentum und keinen Christus gibt – sonst hätte es dort keinen Krieg gegeben.«[13] Im Blick auf das Ideal der Gewaltlosigkeit – den Frieden – sagt er: »Gewalttätigkeit ist wie Wasser – wenn es einen

Anstoß gefunden hat, stürzt es mit überwältigender Gewalt heraus. Gewaltlosigkeit kann nicht unvernünftig handeln. Sie ist Beherrschung selbst. Aber wenn sie am Kommen ist, kann keine noch so große Gewalt sie unterkriegen. Um sich voll auszuwirken, bedarf sie unbefleckter Reinheit und unerschütterlichen Glaubens. Ein lebendiger Glaube an Gewaltlosigkeit ist unmöglich ohne einen lebendigen Glauben an Gott. Ein gewaltloser Mensch kann nichts tun ohne die Kraft und Gnade Gottes.«[14]

Gandhi war Staatsmann und Politiker. Er hat sein Land befreit. Er war Realpolitiker, aber seine Politik fing in seiner Religion und geistigen Überzeugung an. Er versuchte, als Hindu den Geist des Friedens und der Bergpredigt zu leben.

Der zweite Teil der siebten Seligpreisung zielt aber über die Friedensfähigkeit des einzelnen in sich selbst, den Frieden mit dem anderen, den Frieden unter den Völkern hinaus.

Wer den Frieden schafft, der wird ein Sohn Gottes genannt werden. In ihm wächst die Gotteskindschaft (»Gotteskinder« heißt es noch bei Luther) zur Gottessohnschaft heran. Ist das ein unerreichbares, fernes und hohes Ziel? Dann könnte die Bergpredigt nicht in der Gegenwartsform sprechen: »Selig *sind* ...« So wie die Ewigkeit jetzt und hier innerhalb der Zeit erlebt werden kann, so ist das Ideal und das Erreichen des Zieles heute möglich. Ich kann mich in die Stimmung versetzen, daß aus Ruhe und Stille Friede hervorgeht. Ich kann auf den Mitmenschen zugehen und Frieden stiften. Suche ich die Nähe der Reiche der Himmel durch das Gebet und das Sakrament, dann ist nicht nur die Substanz des Friedens durch den Gottessohn Christus nahe und da, sondern dann bin ich für einen Augenblick in der Sohnschaft Gottes. Christus durchdringt die Seele des Menschen. Er schenkt den Frieden. Durch seinen Frieden in mir bin ich mir selbst und dem Mitmenschen gegenüber in der Lage, ihn weiterzugeben, Frieden zu stiften.

Der Denker und Mystiker Meister Eckehart spricht das Geheimnis des Friedens und des Friedenstiftens in seinen »Reden der Unterweisung« so aus:

»Denn so viel bist du in Gott, so viel du in Frieden bist, und so viel außer Gott, wie du außer Frieden bist. Ist etwas nur in Gott, so viel in Frieden. Wieviel du in Gott bist, wie auch, ob dem nicht so sei, das erkenne ich daran: ob du Frieden oder Unfrieden hast …«[15]

Ging es bei der dritten Preisung mehr um den Frieden und die Sanftmut des einzelnen, so geht es bei der siebten um den Frieden in und mit der Welt. Von diesem Frieden heißt es im Evangelium des Johannes in den Abschiedsreden:

Den Frieden lasse ich euch,
meinen Frieden gebe ich euch.
Nicht gebe ich euch, wie die Welt gibt.
(Joh 14,27)

Die großen und die kleinen Friedensstifter konnten und können Frieden schaffen, weil sie Christus und seinen Frieden in sich aufnehmen und ihn dem Nächsten weitergeben.

Selig, die um der Gerechtigkeit willen verfolgt werden, denn ihrer ist das Reich der Himmel.
(Mt 5,10)

In der achten Seligpreisung wird das Reich der Himmel wieder angesprochen, das in der ersten bereits genannt wurde. So sprechen auch manche Theologen von acht Seligpreisungen. Zunächst sträubt sich das eigene Empfinden. Die Seligkeit soll verbunden sein mit dem Schicksal der Verfolgung? Und doch zeigt die Geschichte, vor allem auch die Kirchengeschichte, mit welcher Härte diejenigen verfolgt wurden, die im Namen der geistigen Person, im Namen des eigenen Gewissens und der Freiheit antraten! Es ließe sich zeigen, wie alle geistig Großen, die für eine Fortentwicklung des Christentums eintraten, in Gegensatz zu den Beharrungskräften der bestehenden Kirche traten und leicht in die Zone der Verfolgung gerieten.

Als Beispiel dafür sei nochmals Meister Eckehart angeführt. Um 1260 in Thüringen, der Mitte Deutschlands, geboren, tritt er in Erfurt in den Dominikanerorden ein. Früh wird seine Begabung und Redegewalt erkannt: »Der Mensch soll sich nicht genügen lassen an einem gedachten Gott; denn wenn der Gedanke vergeht, so vergeht auch der Gott. Man soll vielmehr einen wesenhaften Gott haben, der weit erhaben ist über die Gedanken des Menschen und aller Kreatur.«

Seine »Reden der Unterweisung« machen ihn bekannt. Sein »Büchlein der göttlichen Tröstung« wird zur bedeutendsten und reifsten Schrift des großen Mystikers. Er wird Provinzial der sächsischen Ordensprovinz, Generalvikar der böhmischen Provinz, geht 1314 nach Straßburg als Leiter des dortigen Konvents. In den oberrheinischen Klöstern hält er als »Meister« die großen und erweckenden Predigten, die in Nachschriften erhalten sind.

Als er auf den Lehrstuhl nach Köln berufen wurde, begann die Verfolgung. Wer deutsch sprach und nicht lateinisch, wer die Selbständigkeit des denkenden Hörers und sein Fünklein in der Seele ansprach und erweckte, wer Gott in der Seele zur Erfahrung machen wollte, beschwor die kirchlichen Gegner herauf. Der Erzbischof von Köln eröffnete 1326 das Inquisitionsverfahren gegen Meister Eckehart wegen glaubensgefährdender Lehren. Der Prozeß nimmt seinen Lauf. Eckehart verteidigt sich in hohen Worten mit starkem Selbstbewußtsein vor dem Kirchengericht. Er wendet sich am 13. Februar 1327 mit einer öffentlichen Erklärung in der Predigerkirche zu Köln an das Kirchenvolk und versucht die Verurteilung aufzuhalten. Trotzdem wurden in der Bulle des Papstes Johannes XXII. »In agro dominico« Sätze von ihm als ketzerisch verurteilt. Der Apostolische Stuhl meinte, sie als häretisch, irrig und gefährlich brandmarken zu müssen.

Meister Eckehart starb, so daß die Verfolgung unnötig wurde. Sie hatte aber seinen Lebensabend umdüstert.[16] Geistiger Fortschritt, intuitive Christusmystik, Freiheit des Wortes, Glauben an den gottgegebenen Funken in jeder menschlichen Seele prägen seine Lehre. Eckehart spricht vom Erfahren der Seligkeit, verkündet das Reich der Himmel – und wird dafür von seiner Kirche verfolgt!

Schon am Anfang der Geschichte des Christentums setzt die Geschichte der Verfolgung ein. In der Apostelgeschichte des Lukas kulminiert die erste Phase der Gemeindebildung in der Verfolgung und Steinigung des Stephanus (Apg 6; 7). Er wird als Diakon und mutiger Geistesstreiter vor das hohe Gericht geschleppt, verkündet engelgleich die Mission des Christentums und erleidet die Steinigung. Im Sterben erfährt er den offenen Himmel und hat Teil an der Seligkeit. Er schaut Christus und hat noch die Kraft, seinen Peinigern zu vergeben. Unter diesen befindet sich Saulus als Kommandoführer.

Wie eine blutige Spur zieht sich die Verfolgung der wahren Christen durch alle Jahrhunderte bis heute. Wer die Wahrheit frei sagt, wer ein lebendiges Christentum verkündet, steht im Widerspruch zur Welt und wird das Verfolgtwerden auf sich nehmen müssen. Als am 9. Juni 1941 die Christengemeinschaft durch die nationalsozialistische Regierung in Deutschland verboten wurde, war die Verkündigung des Heiligen Geistes in der Pfingstzeit dieses Jahres die Stunde der Verhöre und des Verbotes. Gefängnis und Konzentrationslager für leitende Priester folgten. Sie teilten damit das Schicksal vieler evangelischer und katholischer Christen, die durch ihr mutiges Bekenntnis ebenfalls die Verfolgung erlitten.

Wer damals mit Geistesmut die Wahrheit sagte, wurde verhaftet. Heute ist schwer nachzufühlen, mit welchem Mut beispielsweise Emil Bock seine »Beiträge zur Geistesgeschichte der Menschheit« veröffentlichte. »Moses und sein Zeitalter« erschien etwa gleichzeitig mit den 1935 erlassenen Nürnberger Rassengesetzen, die die Verfolgung der Juden einleiteten. Die wahre Mission des Judentums hat niemand in diesen Jahren der Diktatur so dargestellt wie dieser Mitgründer der Christengemeinschaft. Sein Mut war geschöpft aus der unmittelbar erlebten Kraft des Königreiches der Himmel.

*

Selig seid ihr, wenn sie euch schmähen und verfolgen und alles Böse gegen euch sagen als Lügner um meinetwillen.
Freuet euch und frohlocket: denn euer Kampfpreis ist reich in den Himmeln. Denn so haben sie die Propheten vor euch verfolgt.

(Mt 5,11; 12)

Die neunte Seligpreisung hebt an mit der Aussage: »Selig seid ihr«, in der Mehrzahl also, mit einer eigenen Qualität im Vergleich zu den Vorausgegangenen. In einer letzten Steigerung weist sie auf die Schicksale, die um des Namens Jesu Christi willen erlebt und erlitten werden. Die Schmähung, die Verfolgung, die Leugnung des Wahren werden alle erleben, die die Nachfolge Christi im kleinen und im großen zu leben versuchen. Der, welcher die Predigt auf dem Berg der Seligpreisung hält, wird selbst die Passion in allen Stadien durchleiden und die Kreuzigung erfahren. Die Jünger, die um ihn stehen, werden als seine Schüler ein ähnliches Los erleiden. Der Apostel wird zum Märtyrer. Sein Schicksal wird dem Erdenschicksal Jesu ähnlich. Er erleidet es nicht mehr im Sinne eines persönlichen Schicksals, er erleidet es, weil er Christus dient, ihn verkündet und ihm nachzuleben sucht. Das Nachleben wird zum Nachsterben. Das Leben mit und in dem Heiligen Geist, die Lebensverbindung zu Christus, die Verbundenheit mit dem göttlichen Vater wird zum Lebensschicksal selbst.

Die Freude und das Frohlocken der neunten Seligpreisung sind nicht dasselbe wie die Freuden des natürlichen Lebens. Die Freude, die durch die frohe Botschaft vom Sieg über den Tod und die Auferstehung in die Seelen einzieht, wirkt in der Menschheit, an ihr haben die Jünger als erste teil.

Der Leser und Hörer der Bergpredigt wird immer neu berücksichtigen müssen: hier wird vom Reiche der Himmel unter Menschen auf Erden gesprochen. Innerhalb der üblichen Erfahrungswelt wären Freude und gar Frohlocken über eine erlittene Verfolgung nicht nachvollziehbar und auch nicht menschlich. Aber denken wir bei Petrus an seine Kreuzigung? Denken wir bei Paulus daran, daß er insgesamt etwa fünf Jahre lang Gefangener war und in Haft saß, bis er schließlich enthauptet wurde? Denken wir bei Martin Luther an seine zweijährige Schutzhaft auf der Wartburg? Wurde Martin Luther King nicht ermordet, weil er Schwarze und Weiße auf ihr Menschsein hin ansprach? Alexander Solschenizyn enthüllte die Wahrheit über die Lager in der Sowjetunion in seinem zeugnishaften Werk »Archipel Gulag«. Verbannung, Heimatlosigkeit und Exil waren die Folgen seiner Tat, die Wirklichkeit wahr zu beschreiben – ein mutiger Christ mit der Bereitschaft, für die Folgen seines Tuns einzutreten. Die Beispiele wären beliebig zu vermehren. Wer sich einläßt auf den Geist der Bergpredigt, wird die tiefere Wirklichkeit bestätigen, von der sie spricht. Geisteswelt und Sinneswelt sind Gegensätze. Ihr Sich-Durchdringen schafft Zonen des Schmerzes und des leidvollen Schicksals. Je mehr jedoch das Reich der Himmel wie ein Samenkorn im Herzen und im Ich des Menschen aufzugehen beginnt, um so mehr ist die Seligkeit nicht nur eine Zukunftsverheißung, sondern Beschreibung der erlebten Gegenwart. Daher nannte Johann Gottlieb Fichte seine »Anweisung zu einem seligen Leben« eine »Lebenslehre«. Wer betend die Worte der Seligpreisungen durchsinnt, erfährt etwas von der Ganzheit des Lebens, das menschliches Selbst und das Königreich der Himmel vereint.

Das Salz – das Licht – die Stadt

Ihr seid das Salz der Erde.
Wenn nun das Salz kraftlos wird,
womit soll man's salzen?
Es ist zu nichts hinfort nütze,
denn daß man es hinausschütte
und lasse es die Leute zertreten.
Ihr seid das Licht der Welt.
Es kann die Stadt, die auf einem Berge liegt,
nicht verborgen sein.
Man zündet euch nicht ein Licht an
und setzt es unter einen Scheffel,
sondern auf einen Leuchter;
so leuchtet es allen, die im Hause sind.
So soll euer Licht leuchten vor den Leuten,
daß sie eure guten Werke sehen
und euren Vater im Himmel preisen.

(*Mt* 5,13-16)

Nach den Seligpreisungen spricht Jesus Christus den Jüngern ihre Aufgabe zu. Das »Ihr seid« knüpft unmittelbar an die letzte der neun Seligpreisungen »Selig seid ihr« an.

Drei Bereiche werden angesprochen: das Verhältnis zur Erde, das Verhältnis zur Welt, das Verhältnis zu den Menschen. Gerade noch blickten wir durch die achte und neunte Seligpreisung auf die Verfolgten, die Sendboten des Himmelreiches sind. Nun werden sie zum Salz der Erde und zum Licht der Welt. Und wieder ist es nicht Prophetie oder Eschatologie: »Eines Tages werdet ihr das Salz der Erde sein, ihr sollt eines Tages zum Licht der Welt werden.« Nein: »Ihr seid!« Das ist Gegenwart und Zuspruch. Indem Jesus Christus spricht, ruft er diese Möglichkeit in den Jüngern hervor. Sie werden und sind durch sein Wort.

Lukas sagt im Zusammenhang mit der Nachfolge Jesu von dem Salz, daß es ein gutes Ding sei (Lk 14,34 ff.). Zu seinem Bild gehört die Würzkraft des Salzes, wie es im Haushalt verwendet wird. Bei dem Wort des Markus »Habt Salz bei euch und habt Frieden untereinander« (Mk 9,50) tritt die Kraftwirkung des Salzes in den Vordergrund.

Matthäus aber zielt mit seiner Aussage vom Salz auf den kultischen Bereich. Das Fortwerfen und Zertreten des Salzes durch Menschen weist auf den jüdischen Kultus. Zu dem Speisopfer, das im dritten Buch Mose, dem Priesterbuch Levitikus, beschrieben ist, heißt es: »Jedes Speisopfer sollst du salzen, und deinem Speisopfer sollst du das Salz des Bundes deines Gottes nicht fehlen lassen; jede deiner Opfergaben sollst du mit Salz darbringen.« (3Mo 2,13). Das Salz wird also geradezu als Ausdruck für den Bund Gottes mit den Menschen gewählt, die Erhaltungskraft für das Speiseopfer. Fällt beim Darbringen des Opfers Salz zu Boden, so wird die heilige Gabe durch ein Zertreten entheiligt und zerstört.

Salz wirkt auch der Fäulnis und Vergänglichkeit entgegen. In Kristallen ist es klar geformt. In der

Speise sorgt es dafür, daß jedes Lebensmittel zu seinem eigenen Geschmack kommt, und wird es in der richtigen Dosis verwendet, tritt es selber ganz zurück. Es hat außerdem eine reinigende, würzende und erhaltende Kraft. Im Kultus der Christengemeinschaft ist es eine der drei Taufsubstanzen, ein bewahrendes Element.

Jünger wirken unter den Menschen auf Erden wie Salz. Nichts Fades, Geschmackloses, Allgemeines soll das Christentum sein, das sie bringen, sondern lebendig, voller Würze, geistig konkret, kristallin klar – um allem in der Menschen- und Schöpfungswelt zu sich selbst, zu seinem eigenen Wesen zu verhelfen. Das Reich der Himmel soll aufgehen im menschlichen Ich. Jünger sorgen dafür, daß jeder aus der individuellen Eigenart seiner Person zur geistigen Welt finden kann. Sie sorgen dafür, daß sich Menschen nicht zu stark nach der Seite der Vergänglichkeit orientieren oder ihr gar verfallen, sondern daß die Beziehung zum Geist offen bleibt und die notwendige Pflege erfährt. Dem Wirken der Jünger ist die Taufe anvertraut.

Die Taufe mit Salz ist nicht nur einmalig durch das Sakrament, sondern bedarf einer Fortsetzung und Pflege in und mit der Gemeinde durch Eltern, Paten, Priester. Was ist das Salzelement in der Erziehung? Was dient der Bewahrung und Erhaltung des Anfangs der Christwerdung? Und wenn man die Frage einmal weiter faßt: Hat die Wirksamkeit der Jünger, der späteren Apostel und ihrer Nachfolger auch eine kosmische Dimension? Was bedeutet gelebtes Christentum für die Erde? »Ihr seid das Salz der Erde!« Nehmen wir den Evangelisten beim Wort, dann ist hier wirklich die gesamte Erde in das Kraftfeld des Jünger-Wirkens einbezogen.[17]

Bei den wenigen, aber bedeutenden Theosophen unter den evangelischen Pfarrern war dieses Wissen von der kosmischen Dimension des Christentums noch lebendig. Auch der Auftrag der Apostel und ihrer Nachfolger wurde in seiner Größe erkannt. Der Prälat Friedrich Christoph Oetinger, der von 1702 bis 1782 lebte, veröffentlichte 1770 von Murrhardt aus, seinem Wirkensorte, die Schrift »Das Geheimnis von dem Salz, als dem edelsten Wesen der höchsten Wohltat Gottes in dem Reich der Natur«. Wird in der Zukunft der Beziehung des Christus zu den Elementen der Erde mehr Beachtung geschenkt werden, dann wird das Salzwort zu den Jüngern seine volle Bedeutung offenbaren.

Im Johannes-Evangelium gibt es sieben Aussagen Jesu Christi über sich selbst: die Ich-Bin-Worte. Sie charakterisieren sein Wesen.[18] Im zweiten dieser sieben Ich-Bin-Worte bezeichnet sich Jesus Christus als das Licht der Welt: »Ich bin das Licht der Welt. Wer mir nachfolgt, der wird nicht wandeln in der Finsternis, sondern wird das Licht des Lebens haben.« (Joh 8,12) Wenig später zum Volk: »Wer in der Finsternis wandelt, der weiß nicht, wohin er geht. Glaubt an das Licht, solange ihr es habt, auf daß ihr des Lichtes Kinder werdet.« (Joh 12,35) Der Sonne verdanken wir Licht und Leben. Sie wird zum Bild für Christus. Christus als das Licht der Welt schenkt Erhellung und Erleuchtung und ist seinem Wesen nach Leben.

Die Jünger hören in ihrer Unterweisung auf dem Berg: »Ihr seid das Licht der Welt.« Sie sind es, insofern sie Jünger sind. Sie empfangen durch Christus das Licht und geben es dann denen weiter, »die in Finsternis und Schatten des Todes wohnen« (Mt 4,16). Ohne das Licht des Geistes bleibt der Mensch zwar in einer taghellen Welt, die ihm aber in ihrem Wesen dunkel, verhüllt ist. Erst das Geisteslicht erschließt die Rätsel des Daseins, erhellt, was dunkel ist, macht Verborgenes verständlich, schenkt Erleuchtung auch in den Dunkelheiten der Seele.

Wirken Jünger und im weiteren Sinne Christen in der Welt, dann tragen sie das Licht Christi in einer dunklen Zeit. Sie dürfen dabei nicht vergessen, daß es nicht das Eigenlicht als Gabe des Lichtträgers, des Lucifer ist, das gleißend scheint. In der Bibel wird er beim Sündenfall im Bild der Schlange dargestellt, die »listiger ist als alle Tiere auf dem Felde« (1Mo 3). Sie verheißt dem Menschen das Licht der Klugheit: »Ihr werdet sein wie Gott und wissen, was gut und böse ist.« (1Mo 3,5). Durch Christus ist auch das Denken erlöst. Er bringt das Licht, das im Herzen und Bewußtsein eines ihm Nachfolgenden aufleuchtet und durch ihn strahlt. Bescheidenheit und Demut sind als neue Tugenden gefordert. Ein in diesem Geiste Christus Nachfolgender kann den Mitmenschen und der Welt gegenüber aus der Teilhabe am Licht der Welt handeln. Dadurch kann offenbar werden, was bisher im Verborgenen und im Dunkel lag.

Das dritte Motiv ist die Stadt auf dem Berge, die, erhöht und allen sichtbar, nicht im Verborgenen liegt. Was in der vorchristlichen Zeit in den Mysterienstätten und Tempeln in tiefster Verborgenheit für die Erleuchtung einzelner und Auserwählter geschah, ist durch Jesus Christus offenbar geworden. Die Auferweckung des Lazarus, das Mysterium von Golgatha mit dem Kreuzestod und der Todesüberwindung durch die Auferstehung geschehen öffentlich, vor aller Augen. Jeder, dem das Licht der Welt diese bislang verborgenen Geheimnisse erhellt, vermag sie bewußt aufzunehmen.

Wie der brennende Leuchter im Innenraum eines Hauses hochgestellt wird und nicht unter einen Scheffel, damit der ganze Raum erleuchtet wird, wie die Stadt allen zugänglich und weithin sichtbar auf dem Berg daliegt, so soll die Mission des Christentums durch die Jünger und ihre Nachfolger für die Erde, für die Welt, für die Menschen offen, frei, zugänglich sein, leuchtend und hell für jeden, der sieht.

Das Bild von der Stadt tritt hier am Anfang des ersten Evangeliums auf. Zugleich ist es das Zielbild des ganzen Neuen Testamentes. In der Offenbarung des Johannes ist das Bild der Stadt auf dem Berge die himmlische Stadt, das Neue Jerusalem, das zunächst verborgen, aber Schritt für Schritt offenbar werden soll in dem Maß, wie lebendiges Christentum verwirklicht wird: »Und er führte mich im Geist hin auf einen großen und hohen Berg und zeigte mir die große Stadt, das Heilige Jerusalem, herniederfahren aus dem Himmel von Gott …« (Offb 21,10). Der Anfang der Welt wird im Naturbild des Paradiesgartens gesehen. Das Ende der Welt leuchtet im Bild der heiligen Stadt auf. Dazwischen liegt das Bild der Zeitenwende, die Wüste.

Paradies – Wüste – Heilige Stadt. Mit der Dreiheit der Bilder vom Salz, dem Licht und der Stadt wird den Jüngern, die später als Apostel hinausziehen in die Welt, der Menschheitsauftrag und das heilige Ziel gewiesen. Aus dem Munde der Propheten des Alten Bundes und der Heiligen Schrift war ihnen das Bild vertraut. Aus dem Munde Christi wird ihnen der Auftrag zuteil, die neue Schöpfung, die er selbst beginnt, fortzusetzen und an der Wandlung des Menschen und der Verwandlung der Erde zu wirken. Das himmlische Jerusalem ist nicht mehr verborgen, es beginnt sich herniederzusenken und ist wesenhafter Bildausdruck für die Verwandlung der Welt.

Die Erfüllung des Gesetzes – in Freiheit

Denket nicht, daß ich gekommen bin,
das Gesetz und die Propheten aufzulösen:
ich bin nicht gekommen aufzulösen,
sondern zu erfüllen.
Amen. Ich sage euch:
bis der Himmel und die Erde vergeht,
wird nicht vergehn ein einzig Jota oder ein
Stückchen von dem Gesetz
bis alles geschieht.
Wer nun eines dieser kleinsten Gebote bricht
und lehret so die Menschen,
der Kleinste wird er heißen im Himmelreich!
Wer es aber tut und so lehrt,
der wird groß heißen im Königreich der Himmel.
Denn Ich sage euch,
wenn nicht überreich ist eure Gerechtigkeit
mehr als der Schriftgelehrten und Pharisäer
werdet ihr nicht hineingehen in das Königreich
der Himmel.

(*Mt* 5,17-20)

Der Auftakt zu dem Hauptteil der Bergpredigt hebt mit einer grundsätzlichen Stellungnahme Jesu Christi zum Gesetz an, vor allem zu den zehn Geboten des Moses. Wie Moses auf dem Berge Sinai die Gebote Gottes empfing unter Donner, Blitz und Rauch auf der Offenbarungshöhe (2Mo 20,1 f.), so spricht Christus die neuen Gebote aus der Feuerkraft seines Ich-Bin, das damals selber durch das Feuer sprach. Hatte er doch dem Moses aus dem brennenden Dornbusch geantwortet, als dieser fragte: »Wie ist der Name Gottes? Was soll ich dem Volk sagen? Gott sprach zu Moses: Ich bin der Ich bin.« (2Mo 3,14). Das alte Gesetz war in steinerne Tafeln eingeschrieben. Das neue Gebot wird in das Herz der Jünger und Christen lebendig eingesprochen. Sprach damals der Gott des Ich-Bin nur zu dem eingeweihten Führer des Volkes auf der umwölkten Höhe des Berges Sinai, so spricht nun der Gott des Ich-Bin aus einem Menschen zu den herangetretenen Jüngern und den Scharen des Volkes. Mit dem Wort »Denket nicht« wird das Denken angesprochen, einmalig im Neuen Testament. Das mutvolle »Ich aber sage euch« könnte mißverstanden werden, als löse die neue Freiheit des Christentums der Bergpredigt alle Verbindlicheit des alten Gesetzes auf. Nicht das Zerbrechen und Auflösen des Gesetzes, sondern seine Erfüllung ist das Ziel.

Ein einfaches Beispiel: Hält ein Autofahrer an einer Kreuzung nur deswegen, weil der Gesetzgeber ein Stopschild als Gebot angebracht hat und die Polizei oder die Kamera den Verkehr überwacht? Oder hält der gute Autofahrer an einer Kreuzung aus Einsicht und Überlegung auch da, wo kein Gesetz wirkt, weil er weiß, an der Kreuzung ist Gefahr gegenwärtig und der Tod möglich? Dann erfüllt er aus Einsicht, frei und verantwortlich, was sonst durch immer neue Verordnungen und Gesetze geregelt werden müßte.

Wer den Zugang zum Königreich der Himmel sucht, wird seine Freiheit so ergreifen, daß sie nicht zur Willkür führt, die das Gesetz herausfordert, sondern er wird sie als verbindlich für sich und die anderen leben. Freiheit und Bindung sind nur scheinbare Widersprüche. Aus dem christlichen Verhältnis zur Freiheit, aus der Verantwortung des Ich, geht eine neue Verbindlichkeit hervor. Sie dient dem Neuen Bund und seiner Erfüllung. Das Gesetz bleibt bis zum letzten Buchstaben des Jota erhalten. Nach Lessing diente das Gesetz zur »Erziehung des Menschengeschlechtes«. Ist das Ziel der Erziehung erreicht, wird der Erwachsene selber entscheiden müssen, wie er sich in diesem oder jenem Falle verhält. Die Norm trägt dann nicht mehr, verantwortliche Entscheidung ist gefragt.

Eugen Drewermann übersetzt: »Denn ich sage euch: wenn nicht übersteigt euer Leben (vor Gott) bei weitem das der Schriftgelehrten und Pharisäer, nein, nimmermehr kommt ihr hinein in das Königtum der Himmel.« Und er interpretiert: »Die Neigung der Moralisten ist groß, mit immer neuen Abwehrmaßnahmen einen Deichbruch zu verhindern, der um so sicherer droht, je mehr der Druck hinter den Staumauern der moralischen Versperrungen von Tag zu Tag weiter wächst. Das religiöse Genie Jesu bestand demgegenüber darin, daß er mit aller Energie den Teufelskreis der Schriftgelehrten-Moralisiererei durchbrechen wollte; nicht wie man die Menschen noch mehr an die Leine von Zucht und Ordnung legen könnte, sondern wie es möglich wäre, ihrer seelischen Not nachzugehen und sie zu heilen, ja zu erlösen …«[19]

Dieser Abschnitt, der vom Gesetz und der Erfüllung handelt, ist der Vorhof zum folgenden. Denn nun folgt der große Bogen der neuen Lehre, die zehn Stufen des Weges der Bergpredigt. Das Ziel ist »eingehen in das Reich der Himmel«. Am Ende wird der Ruf Jesu Christi stehen: »Gehet ein durch die enge Pforte!« (Mt 7,13) Wie der vorbereitende Zugang auf ein gewaltiges Kirchenportal, durch das dann eine enge Pforte den Altarraum erschließt, so folgen Schritt für Schritt die zehn Stufen, bis der Jünger vor die enge Pforte der Initiation in das Reich der Himmel gestellt ist.

Durch den Hauptteil schimmert eine kompositionelle Gliederung. Der erste Teil ist durch die wiederkehrende Formel geprägt: »Ihr habt gehört ... Ich aber sage euch.« Er wird durch das Idealbild abgeschlossen: »Ihr sollt vollkommen sein, wie euer Vater im Himmel vollkommen ist.«

Was ist hier die Vollkommenheit? Das griechische Wort *teleios* (vollkommen) heißt eigentlich »durch die Weihe gegangen«. *Ta tele* heißt »die Weihen«.

Vollkommenheit kann ein Ziel sein, weil in Christus das Urbild des Menschen vom Vater wieder in die Menschheit hereingestellt worden ist. Sie hat damit ein Ideal und ein Ziel. Die Menschenweihehandlung, die von sich selbst aussagt, daß sie der Einsetzung durch Christus entstammt, hilft dem Menschen, dieses Weiheziel anzustreben. Nicht, daß er in Anspruch nehmen dürfte, dadurch vollkommen zu sein. Aber seine eigene beste Möglichkeit, die er in sich fühlt, kann gestärkt und gefördert werden, indem er in sie eintaucht und sie mitvollzieht. Verwandt ist damit das Wort *to telos* (das Ziel, die Bestimmung). In dem Worte »Entelechie« ist das telos enthalten. Eine Seele hat ein *telos* in sich. Gott gibt ihr eine Bestimmung mit ins Leben. Sie trägt ein Ziel ihres Lebens und ihrer Entwicklung in sich. Und sie wird diese Bestimmung nur erreichen, wenn sie sich dem Geist zuwendet und Christus findet. In ihm ist das Bestimmungsziel erreicht, ohne daß wir es selbst schon erreicht hätten. So kann das Weiheziel wahren Menschentums aufleuchten, das in Christus erschienen ist.

Die ersten fünf Leitsätze oder »Anweisungen zum seligen Leben« haben einen mehr negativen Charakter. Sie weisen auf Verzichte und Enthaltungen hin. Durch Entsagung und Verzicht wird der Wille gestärkt. Die Erkraftung des Willens gehört hier zur Voraussetzung, um dem Weg folgen zu können, der im zweiten Teil (6. Kapitel und zwölf Verse des 7. Kapitels) gewiesen wird.

Die neue Kultur des Vergebens

Ihr habt gehört, daß den Alten gesagt ward:
Du sollst nicht töten!
Wer mordet,
schuldig soll er sein des Gerichtes!
Ich aber, ich sage euch:
Jeder, der seinem Bruder zürnt,
schuldig soll er sein des Gerichtes!
Wer seinem Bruder sagt Raka – Nichtsnutz –,
Schuldig soll er sein vor der geistigen Führung
seines Volkes.
Wer sagt: Tor,
Schuldig soll er sein für die Feuerhölle!

Wenn du deine Gabe darbringst auf dem Altar
und dort gedenkst, daß dein Bruder
etwas gegen dich hat,
Laß dort deine Gabe vor dem Altar
und gehe zuerst hin,
versöhne dich mit deinem Bruder
und dann komm, bringe deine Gabe dar!
Mach dir zum Freunde deinen Widersacher,
schnell, derweil du mit ihm auf dem Weg bist,
daß dich nicht übergebe
der Widersacher dem Richter
und der Richter dem Diener

und du in den Kerker geworfen werdest!
Amen – Ich sage dir:
Nimmer wirst du von dort herauskommen,
bis du den letzten Heller entrichtet hast.

(Mt 5,21-26)

»Ihr habt gehört« – das Gesetz des Alten Bundes wurde nicht gelesen, sondern gehört. Hörend nahmen die Juden und damit auch die Jünger das göttliche Gebot auf – so wie heute das Evangelium durch den Kultus seine lebendige Kraft erhält, wenn es stehend verkündet und stehend gehört wird.

Das fünfte Gebot handelt vom Töten und Morden und dem gerechten Ausgleich für die Tat. In der vorchristlichen Zeit war die Rechtsempfindung: Wer tötet, muß mit dem Tod bestraft werden, Gleiches kann nur mit Gleichem vergolten werden. Heute empfindet der Mensch nach zweitausend Jahren wirkender Kraft des Christentums, daß das Problem eine »Innenseite« hat. Nicht nur die vollbrachte Untat ist strafbar und ein Problem, sondern die Voraussetzungen dafür, die Ursachen, die innerseelischen und sozialen Verhältnisse, an deren Ende eine Tötung steht.

Drei Stufen werden genannt, die schwer zu übersetzen sind: der Zorn, die Verachtung, der Haß. Bei den üblichen Übersetzungen: »Du Nichtsnutz« – »Du gottloser Narr« (Luther) oder »Du Hohlkopf« – »Aberwitzling« (Fridolin Stier) kommt in den Scheltworten nicht heraus, was gemeint ist. Es geht um die Beziehung des Menschen zum Reich der Himmel. Seine Seligkeit, sein

Anteil am ewigen Leben, seine wahre Bestimmung als Mensch stehen in Frage. Kann ich in der Beziehung zum anderen Menschen von der Achtung und Würde der Person ausgehen, die vor Gott einmalig ist, oder überwältigt mich der Zorn und seine Glut, seelisch dem anderen seine Existenz abzusprechen? Gibt es aus der Leidenschaft der Seele so etwas wie ein »Abmurksen«, eine dauernde »Kränkung«, die zur allmählichen seelischen Tötung des anderen führt? Der permanente Zorn, der sich nach außen ganz kalt zeigen kann, die dauernde harte Konkurrenz unter Menschen, der Kampf ums Dasein und ähnliches führen zu einer Form des Tötens, die nach außen als solche nicht erscheint. Man kann schon in der Schule einen sensiblen Schüler zum Selbstmord treiben durch Nichtverstehen, Leistungsdruck, Konkurrenz der Klassenkameraden. Man kann beruflich einen Mitarbeiter »fertigmachen«. Manche Ehe ist der Schauplatz eines täglichen Kleinkrieges, bei dem Stich auf Stich einer den anderen verwundet, bis er nicht mehr atmen kann. Ist Tötung nur eine Sache der Mordwaffe, oder ist nachvollziehbar, wie Jesus Christus mit seinem kühnen »Ich sage Euch« die Seele des Hörenden anspricht und auf das Gebiet des seelischen Tötens weist? Wer einem anderen die geistige Existenz abspricht, ja, wer die Weltanschauung lebt, der Mensch sei zwischen Geburt und Tod ausschließlich Erdenbürger und ohne jede Gründung seines Seins im Reich der Himmel, der spricht dann nicht nur menschenverachtend vom »Nichtsnutz« oder vom »Toren«, sondern handelt auch so. Ausrottung »unwerten Lebens«, Euthanasie, Tötung sind nur das Ende eines

Weges, an dessen Anfang der Mensch in der Art seines Denkens und in seiner Art, Mensch und Welt anzuschauen, steht. Er verleugnet den lebendigen Geist und damit das Reich der Himmel.

Wolfgang Borchert, der jugendliche Nachkriegsdichter (1921 – 1947), ging in seinem Werk immer wieder der Frage nach, wie eine Tötung der unendlich vielen im Zweiten Weltkrieg in Zukunft zu vermeiden sei. Von ihm stammt auch diese kleine Lesebuchgeschichte:

Der Mann mit dem weißen Kittel schrieb Zahlen auf das Papier. Er machte ganz kleine zarte Buchstaben dazu.
Dann zog er den weißen Kittel aus und pflegte eine Stunde lang die Blumen auf der Fensterbank. Als er sah, daß eine Blume eingegangen war, wurde er sehr traurig und weinte.
Und auf dem Papier standen die Zahlen. Danach konnte man mit einem halben Gramm in zwei Stunden tausend Menschen tot machen.
Die Sonne schien auf die Blumen.
Und auf das Papier.[20]

Der reine weiße Kittel des Wissenschaftlers, die Sentimentalität den Blumen gegenüber und die aus dem toten Denken hervorgehende Möglichkeit, das Töten in der Welt zu steigern, sprechen für sich. In unserem Denken, in der Empfindung, im Zorn liegen die Ursprünge für den von Menschen verursachten Tod in der Welt. Dann taucht das Bild des Altares auf und die Gemeinde der Brüder vor ihm, die ihr Opfer darbringen. Wenn sie ihre Schwäche anerkennen und ihr Leben frei vor Gott hinstellen, dann ist der Bund mit Gott und die Versöhnung mit ihm von der Beziehung zum Mitmenschen und Bruder abhängig. Versöhnen gilt statt Töten. Wer sich in der Altarsphäre oder in der Vorbereitung auf den Gang zum Altar daran erinnert, daß der Bruder etwas wider ihn hat und vielleicht auch umgekehrt, bei dem ist eine menschliche Leistung der Versöhnung gefragt. Die Kultur des Vergebens, die Kunst des Verzeihens, die Kraft der Versöhnung gehören zum Inhalt und Sinn des religiösen Lebens. Eine Entzweiung mit dem Bruder stellt die Einheit mit Gott in Frage. In Christus ist Gott Mensch geworden. Daher ist ohne Menschlichkeit Gott am Altar nicht erreichbar. Der Sohn Gottes wartet als Mensch auf die Versöhnung der Menschen.

Wer zur Kommunion an einen Altar tritt, sollte immer auch den Nächsten zu beiden Seiten fühlen. Das Schicksal seines Bruders kann ihm nicht mehr gleichgültig sein. Geht im anderen durch Brot und Wein etwas vom Reich der Himmel in der Tiefe der Selbstes auf, dann verbinden sich die einzelnen Seelen zur brüderlichen Gemeinschaft im Leibe einer Gemeinde. Kann eine Gemeinde ein Schicksalsnetz wechselseitiger Versöhnung werden?

Die ethische Grundlegung der Ehe

Ihr habt gehört, daß zu den Alten gesagt ist:
Du sollst nicht ehebrechen.
Ich aber, ich sage euch:
Jeder, der ein Weib sieht, ihrer zu begehren,
hat schon die Ehe gebrochen in seinem Herzen.
Wenn dein rechtes Auge dich ärgert,
reiß es aus und wirf es von dir;
denn dir frommt es,
daß eines deiner Glieder verderbe
und nicht dein ganzer Leib in die Hölle geworfen werde.
Und wenn deine rechte Hand dich ärgert,
hau sie ab und wirf sie von dir;
denn dir frommt es,
daß eines deiner Glieder verderbe
und nicht dein ganzer Leib in die Hölle wandere.
Gesagt ward:
Wer sein Weib verstößt,
gebe ihr einen Scheidebrief.
Ich aber, ich sage euch:
Jeder, der sein Weib verstößt
– abgesehen den Fall der Unzucht –
macht sie ehebrechen,
und wer eine Verstoßene heiratet,
der bricht die Ehe. (Mt 5,27-32)

Nach der Verinnerlichung des alttestamentlichen Gesetzesstandpunktes beim 5. Gebot folgt die gleiche Intention beim 6. Gebot: »Du sollst nicht die Ehe brechen.« (2 Mo 20 f.). Neben diesem Gebot zum Schutz der Ehe erscheint als zehntes Gebot des Dekalogs das weitere: »Du sollst nicht nach der Frau deines Nächsten verlangen.« Damit bahnte sich bereits die Bewußtwerdung der Innenseite des vollendeten Ehebruches an. Die hier vorgezeichnete Tendenz, von außen nach innen zu gehen, wird nun durch den Gott des Ich-Bin für den neuen Äon entfaltet. Die Thora war neben ihrer religiösen Bedeutung das Grundgesetz des jüdischen Staatswesens mit all seinen sozialen Einrichtungen und Beziehungen.[21] Sie war auch Strafgesetzbuch. Ehe und Ehescheidung wurden unter dem Vorzeichen alttestamentlich-patriarchalischer Strukturen eindeutig zugunsten des Mannes geregelt. Polygamie war gesetzlich erlaubt, war aber zur Zeitenwende nicht mehr üblich. Ehebruch bedeutet für den Ehemann – anders als für die Ehefrau – nicht die Verletzung der eigenen, sondern nur die einer fremden Ehe, indem er die Frau eines anderen Mannes verführt; der Verkehr mit unverheirateten Frauen dagegen fiel nicht unter den Begriff des Ehebruchs. Die Ehefrau aber bricht die eigene Ehe, indem sie ihrem Mann untreu wird.[22] Darüber hinaus bleibt der Ehebruch mit einer nichtjüdischen Frau frei von Strafe. Das Gesetz dient der Reinheit des Blutes im auserwählten Volk.

Worum geht es, wenn man versucht, den Sinn der Christusworte für die Ehe aufzunehmen? Zunächst ist eindeutig, daß die Frau neben den Mann gestellt wird.

Ihr gleiches Recht als Person vor Gott wird begründet. Die Ehe wird als ein Bund der Treue gesehen, die sich beide Partner wechselseitig schulden ohne einseitige Bevorzugung. Und sie wird als eine Lebensgemeinschaft von Frau und Mann angesehen, die eines gemeinsamen Mantels, einer Schutzzone für die Vereinigung der Lebenskräfte braucht. Nach der natürlichen Seite hin strömen die Fortpflanzungskräfte ineinander, und eine Zeugung ist möglich. Nach der übernatürlichen Seite wird die Ehe zum Bild des Bundes, den Gott mit seinem Volk geschlossen hat. Auch heute wird der Ehebund, den zwei Menschen schließen und der durch das Sakrament gesegnet werden kann, im Trauritual »heilig« genannt. Die geistige, seelische und leibliche Gemeinschaft zweier Leben umfaßt die kreatürliche, zwischenmenschliche und geistige Ebene.

Reinheit und Treue sind Qualitäten, die dem Schutz der Ehe dienen. So wird der Ehebruch als Tat zurückverfolgt in seine Entstehungszone: Was sieht das Auge? *Wie* sieht es? Sieht es im anderen auch das Individuelle und Personhafte, das Einmalige eines Ich – den Bürger des Reiches der Himmel, – oder sieht der Blick nur die Gattung – die Frau als Frau, den Mann als Mann? In diesem Fall vermag Begehren emporzuschießen, Wahrnehmung und Wille verbinden sich, und der mögliche Bruch der ehelichen Gemeinschaft ist angebahnt. Die positive Anregung an dieser Stelle der Bergpredigt wäre, auf die Reinheit der Sinneswahrnehmung zu achten, die Naturerlebnisse zu verstärken, in der Pflanzenbeobachtung praktischen Goetheanismus zu betreiben. Denn das Begehren und der sexuelle Trieb werden entlastet, wenn die Lebenskräfte im Pflanzenreich in ihrer Reinheit intensiv wahrgenommen werden.

Zur geisteswissenschaftlichen Menschenkunde gehört, daß die Beziehung der Geschlechter zueinander vier Wesensschichten hat. Das *Ich* und damit die Beziehung von Person zu Person ist geschlechtsfrei und von geistiger Natur. In der *Seele* sind in individueller Mischung männliche und weibliche Eigenschaften vereint. In der *Lebensschicht* und damit den Bildekräften ist die Frau männlich, der Mann weiblich. Man beobachte etwa die Durchhalte- und Tragekraft einer Frau, die Fähigkeit, Schmerz zu erleiden, den Anteil, den sie bei der Geburt eines Menschen zu tragen hat. *Leiblich* ist der Mann ganz Mann, die Frau ganz Frau. Das tragende Fundament der Ehe ist das Ineinanderweben und Zusammenleben der Lebenskräfte. Sie einen die Zweiheit von Mann und Frau im Übersinnlichen zu einer Einheit, die das Neue Testament »Leib« nennt – einen Lebensleib. Die Liebe, die oft als das Einmalige erlebt wird, ist im Christentum gerade eine Qualität, die in ihrer höchsten Form vielen Menschen, im Prinzip sogar jedem Menschen, zuteil werden sollte. Die Liebe, die zur Lebensgemeinschaft führt, sie ist im Sinne der Bergpredigt und des Trausakramentes der Christengemeinschaft auf Einmaligkeit, Dauer und Treue aus dem Ich veranlagt.

Die zunächst hart erscheinende und nicht zu verwirklichende Weisung, das rechte Auge auszureißen und fortzuwerfen, wenn es ärgert, und gleich anschließend die Aufforderung, die rechte Hand abzuhauen, ist wiederum Bildsprache des Neuen Testaments. Sagen wir in der Volkssprache: »Ich habe meinen Kopf verloren«, dann meinen wir den Verlust der Fähigkeit, wach zu sein, klar zu denken etc. So auch bei Auge und Hand. »Rechts« und »links« sind qualitative Aussagen. Durch unsere rechte Seite, besonders durch die rechte Hand, sind wir ganz der Sinnenwelt zugewandt. Wir greifen in sie ein, wir arbeiten in ihr. Die rechte Seite ist die nach außen tätige, aber auch auf die Außenwelt bezogene. Links sitzt das Herz. Die linke Seite ist mehr der Empfindung, dem Gefühl, dem Seelischen, dem Herzen zugeordnet. Ärgert uns das rechte Auge, dann haben wir zu stark die Außenseite des Partners gesehen. Das Begehren, das dem Sehen des Auges folgt, reagiert auf die einseitige, bloß sinnliche Wahrnehmung. »Reiß das rechte Auge aus« heißt dann: Mache dein Sehen mit der linken Seite der Wahrnehmung aktiv. Schaue auf die seelischen Eigenschaften der Frau, des Mannes, wende dich der Persönlichkeit zu und damit dem Geistigen, dann kommst du ins Gleichgewicht, dann unterliegst du nicht den Gefährdungen und Versuchungen, die dir dein zu aggressives, einseitiges, rechts-lastiges Wahrnehmen einträgt.

Der gleiche Bildbezug gilt für die rechte Hand. Tätige ich Handlungen in der Beziehung der Geschlechter zueinander, die nur die körperliche und sinnliche Seite des Partners betreffen, gebrauche ich nur die »rechte Hand«, ohne das Herz sprechen zu lassen, das seelische Empfinden zu berücksichtigen und die Individualität des anderen zu achten, dann ist es besser, die

»Hand abzuhauen«, als zu verderben. In islamischen Ländern gibt es im Falle des Diebstahls die Strafe, dem Dieb die Hand abzuhauen, die gestohlen hat. Da ist leiblich verwirklicht, was seelisch zu leisten wäre: die Überwindung der Versuchung, nach fremdem Eigentum zu greifen.

Das rechte Auge und die rechte Hand – das Sehen und das Handeln sind einseitig, wenn sie in der Beziehung von Mann und Frau nur auf die sinnliche Seite der Wirklichkeit gerichtet sind. Die vollmenschliche und damit ganzheitliche Beziehung achtet auf das Unsichtbare und Sichtbare, das Geistig-Seelische und das Körperliche, sie sieht mit beiden Augen und handelt mit beiden Händen.

Die Ehescheidung erscheint an dieser Stelle der Predigt als Problem. Heute ist sie vielfach üblich. Die Ursachen sind mannigfaltig. Um nur einige zu nennen: War der Entschluß zur Ehe reif und frei? Waren beide in einem Alter, wo die Ausbildung der Selbständigkeit einen gewissen Abschluß erreicht hat? War die Zeit des Kennenlernens und Prüfens genügend lang? Konnte die Trauung in einer Reihe von Gesprächen gründlich vorbereitet werden? Wie sah die Pflege der Ehe nach ihrem Anfang aus? Welche geistigen, künstlerischen und naturbezogenen Interessen wurden gemeinsam gepflegt? Nehmen wir den Inhalt des zweiten »Gebotes« im Grundgehalt auf, dann ist die Würde der Frau, die Einrichtung der Ehe und die Achtung ihrer Lebenssphäre zukunftsweisend.

Daß hier keineswegs eine rigorose Moral gemeint ist, geht aus Worten Jesu Christi hervor, die an anderer Stelle bezeugt sind. Zu einer Sünderin: »Ihr sind viele Sünden vergeben, denn sie hat viel geliebt« (Lk 7,47) und die klassische Szene mit der Ehebrecherin (Joh 8,1-11), die dem Gesetz nach zu steinigen war: »Wer unter euch ohne Sünde ist, der werfe den ersten Stein auf sie.« Das Gesetz wird durch Christus seiner Intention nach *nach innen* verlegt. Alle Umstehenden müssen sich selber vor ihre Sünden gestellt sehen, keiner kann richten, und so entläßt Jesus Christus die Frau, die ihre Mitte findet: »So verurteile ich dich auch nicht, gehe hin und sündige fortan nicht mehr!«

Weder beim Ehebruch noch bei der Ehescheidung helfen Verurteilungen. Die Förderung einer Anschauung vom Menschen und seiner Lebenskräfte sowie der sakramentale Segen und die Begleitung durch Trauzeugen und Gemeinde schaffen ein Potential, wodurch Ehe lebenslänglich möglich wird.[23]

Die Wahrhaftigkeit der Rede

Wiederum, ihr habt gehört, daß zu den Alten
gesagt ist:
Du sollst nicht falsch schwören.
Du sollst dem Herrn deine Schwüre leisten!
Ich, ich aber sage euch:
überhaupt nicht schwören,
nicht bei dem Himmel,
denn Thron ist er für Gott!
Nicht bei der Erde,
denn Schemel ist sie seiner Füße!
Nicht auf Jerusalem,
denn sie ist Stadt des großen Königs!
Nicht sollst du schwören bei deinem Haupte,
denn du kannst nicht ein Haar weiß machen
oder schwarz.
Es sei eure Rede ja, ja, nein, nein.
Was darüber ist, kommt vom Bösen.

(*Mt* 5,33-37)

Das Wort »Du sollst nicht falsch schwören« findet sich so nicht unmittelbar im Alten Testament. Es kann sich beziehen auf »Du sollst den Namen des Herrn, deines Gottes, nicht mißbrauchen« (2Mo 20,7) – oder »Ihr sollt nicht falsch bei meinem Namen schwören; du würdest sonst den Namen deines Gottes entweihen.

Ich bin der Herr.« (3Mo 19,12) Das Gebot tritt von außen an den Menschen heran. So wird auch der Schwur bei einer Gottheit oder Geistigkeit geleistet, die außerhalb des Menschen erlebt wurde. Der Schwur hatte magischen Charakter. Er band den Schwörenden, aus Furcht vor der Wirksamkeit der beschworenen Kraft. Bis in die Gegenwart ist das Leisten eines Schwures oder Eides Praxis. Bei wichtigen Anlässen im Leben der Gesellschaft wird zum Eid geschritten. Wer ein öffentliches Amt bekleiden will oder in eine öffentliche Funktion eintritt, der soll einen Eid ablegen auf die Verfassung, der Soldat auf die Fahne, der Kirchenmann auf die Kirche oder das Bekenntnis. Im katholischen Kirchenrecht heißt es: »Ein Eid, das ist die Anrufung des göttlichen Namens als Zeugen für die Wahrheit.«[24] Keine Rede davon, daß sich die zweitausend Jahre alte Einsicht durchgesetzt habe, daß es keinen Zeugen für die Wahrheit gibt außer der Persönlichkeit selbst aus der Kraft des Ich. Wer nur dann auf das Wort eines Menschen hört, wenn er einen Treueid geleistet hat, setzt die Möglichkeit zur Untreue voraus oder geht zumindest von Mißtrauen aus.

Schon L. N. Tolstoi hat in seinem Buch »Mein Glaube« dazu gesagt: »Wahrlich, was uns hauptsächlich verhindert zu begreifen, daß das Evangelium jeden Schwur, um so mehr den Eidschwur verbietet, ist, daß die pseudochristlichen Lehrer mit ungewöhnlicher Dreistigkeit die Menschen durch das Evangelium eben auf das Evangelium zu schwören zwingen.«[25]

Weder Himmel noch Erde, weder die heilige Stadt noch das eigene Haupt können beschworen werden.

Das »Wort sei Ja oder Nein«. Wer nicht glaubwürdig bejahen oder verneinen kann, bei wem sich nicht die Wahrhaftigkeit mit der Rede verbindet, dem ist generell nicht zu glauben. Er wäre letztlich auch eines Meineids fähig. Was vom Bösen kommt, ist gerade: das Mißtrauen zur Grundlage in den menschlichen Beziehungen zu machen. Vertrauen in die wahrhaftige Person des anderen, Vertrauen in sein Wort, Vertrauen in die klare und ichhafte Aussage durch Ja oder Nein ist Geist der Bergpredigt. Der Christ braucht keinen Eid. Er steht selbst zu und in seinem Wort. Sein Ich gehört anfangsweise dem Reiche der Himmel an. Er steht zur Wahrhaftigkeit seiner Rede.

»Widerstehet nicht!« – Die Überwindung des Bösen

Ihr habt gehört, daß gesagt ward:
Auge um Auge und Zahn um Zahn!
Ich aber, ich sage euch:
Stellt euch dem Bösen nicht entgegen!
Sondern wer dich schlägt auf die rechte Backe,
dem kehre auch die andere zu!
Und dem, der mit dir streiten
und deinen Rock nehmen will,
dem lasse auch den Mantel!
Und wer dich nötigt zu einer Meile,
gehe mit ihm zwei.
Dem, der dich bittet, gib,
und der borgen will von dir,
von dem kehre dich nicht ab. *(Mt 5,38-42)*

Das Alte Testament hat das Recht der Wiedervergeltung aufgestellt: Auge um Auge, Zahn um Zahn. Bei Moses im 2. Buch 21,24 und im 3. Buch 24,10 ist es zu finden. Ebenso galt es bereits bei den Persern. Im Gesetzbuch des Hammurabi (1728-1686 v. Chr.) ist es geradezu in Stein gemeißelt. Das Gesetz des *talio* ist damit ausgesprochen, das von Babylon über Israel bis Rom galt: Gleiches wird mit Gleichem vergolten – *anima pro anima, sanguis pro sanguine, vita pro vita.* Seele um Seele, Blut um Blut, Leben um Leben. Dieses

Recht schafft Ausgleich nach dem Prinzip der Blutrache. Der Rächer kann Befriedigung empfinden, wenn das Opfer gerächt ist und dem Täter das Gleiche zugefügt worden ist. Subjektiv ist damit Ausgleich geschaffen, Vergeltung geübt. Persönlich oder von Sippe zu Sippe – dem Blutsverband – ist Genugtuung möglich.

Was aber hat sich in der Welt geändert, außer daß nun nicht nur ein Auge fehlt, sondern auch ein zweites, ein Zahn durch den Verlust eines zweiten vergolten wird? Wirklich geändert oder gar gebessert ist nichts. Weitere Menschen wurden geschädigt, das Übel wächst objektiv weiter und verdoppelt sich. Aus dem Kreislauf des »Gewalt gegen Gewalt« gibt es kein Entrinnen.

Selbst heute, am Ende des 20. Jahrhunderts, ist das alttestamentliche Prinzip noch immer wirksam: Schlag gegen Schlag, Vorbereitung eines Präventivschlages, um einen Schlag zu verhindern, Angriff und Gegenangriff – das Gegeneinander der Völker ist immer noch von dem Blutsprinzip der Rache geprägt. Das Übel wird dadurch in der Welt vermehrt, das Böse wuchert, ein Durchbruch zu wirklich Gutem scheint durch dieses Prinzip selbst verhindert. Wie beim Kampf mit dem Drachen wachsen neue Häupter, kaum ist eines abgeschlagen. Wie kann dieser ewige Kreislauf durchbrochen werden? Muß nicht gerade das vorchristliche Prinzip des Kampfes gegen das Böse mit Mitteln, die selber böse sind, einmal grundlegend überwunden werden? Kann nicht das Böse durch Gutes überwunden werden?[26]

Da tönt die Bergpredigt mit einer unglaublichen

Kühnheit eine neue Zukunft an: Widerstrebt nicht dem Bösen, widersteht nicht dem Schlechten in der Welt! Bisher galt der Kampf gegen das Böse, die Auseinandersetzung mit dem Schlechten – und nun ändert sich der Sinn, die Richtung, grundlegend: Widerstehet nicht! Wie soll das verwirklicht werden? Zunächst gilt es anzuerkennen, daß es das Böse oder den Bösen in seiner Doppelnatur wirklich gibt. Die Bibel nennt die beiden Wesen des Bösen Teufel (Diabolos, Durcheinanderwerfen) und Satan (Hinderer). Der direkte Kampf gegen das Böse wird dem Menschen seine Schwäche und Ohnmacht erweisen; im Zweifelsfall ist das Böse immer stärker, weil es im tiefsten Sinne eine Weltenmacht ist. Nur wer sich ihm preisgibt, es in sich gelten läßt und ihm in der inneren Auseinandersetzung das Gute abzuringen sucht, wird auf lange Sicht der Stärkere sein. Bei alten Darstellungen des Kampfes mit dem Drachen durch den Erzengel Michael oder den Heiligen Georg fällt auf, daß der Repräsentant des Guten das Böse nicht direkt anschaut. Es wird nicht direkt bekämpft. Indem der Blick frei geradeaus gerichtet ist und ichhaft die Kraft der Lanze wirkt, windet sich der Drache und wird überwunden. Im persönlichen Ringen kennen wir das: wer Bösem sein volles Interesse zuwendet und sich den direkten Kampf zutraut, wird durch Aufstacheln und Erregen erst seine volle Macht entfesseln und damit die eigene Schwäche, das Erliegen im Kampf, herbeiführen.

Die vierte Stufe der neuen Gebote Jesu Christi stellt eine Folge von Bildern auf, die das Eingehen auf das Böse und das Verwandeln seiner Gewalt schildern:

Schlägt dich einer auf die rechte Wange, biete ihm auch die Linke dar.

Raubt dir einer den Leibrock, gib ihm den Mantel dazu.

Nötigt dich einer, eine Meile mit ihm zu gehen, gehe freiwillig noch eine weitere mit ihm.

Dem, der dich bittet, gib.

Wer von dir borgen will, den weise nicht ab.

Zum Verständnis dieser Aussagen ist es nötig, den Versuch zu unternehmen, die Bildsprache zu enträtseln. Wie beim Menschen und am Altar sind »links« und »rechts« – wie wir schon angeführt haben – auch im Evangelium nicht zufällig. Sitzt das Herz links und ist die Rechte mehr der Außenwelt zugewandt, dann könnte man in der Linken die empfindende, fühlende Herzseite sehen, die dem Geist gegenüber offener und empfänglicher ist. Die Rechte greift tätig in die Außenwelt ein, empfängt aber auch von da ihre Schläge. Rechts und links verhalten sich zueinander wie männlich und weiblich. Beim Trausakrament der Christengemeinschaft steht und geht der Mann rechts, die Frau links.

Die rechte Seite des Antlitzes ist der Macht der Außenwelt ausgesetzt. Wie wir am Beispiel des rechten Auges und der rechten Hand, die der Verführung besonders ausgesetzt sind, bereits sahen, exponiert sich der Mensch rechts zu stark in der Sinneswelt. Sein Denken und sein Handeln sind ganz nach außen gerichtet. Wissenschaft und Technik bestimmen das Leben. So treffen notwendigerweise von daher auch die Rück-»Schläge« ein. Innerhalb der physischen Welt gilt das Gesetz des Schlages. Können wir lernen, einem Schlag unsere linke Seite entgegenzuhalten? Vermögen wir in dem, was uns als Schicksals-»Schlag« trifft, einen Sinn zu finden? Können wir bemerken, wie die geistige Seite der Welt, die wir mit dem Herzen wahrnehmen – mit der Linken – vielleicht einen tiefen Sinn in dem scheinbar Zufälligen bereithält? Kommt der wirkliche Ausgleich vielleicht gerade dadurch zustande, daß wir nach dem Schlag auf die rechte Wange die linke hinhalten und damit die Ganzheit des Menschen, sein ganzes Antlitz, die Welt in ihrer Außen- und Innenseite, wahrnehmen?

Im Persönlichen wie im Politischen entspringt der Schlag als Ausdruck der Gewalt letztlich der Angst. Weil das Vertrauen fehlt und die Angst treibt, greift der physisch Stärkere, der seelisch meist der Schwächere ist, zur Gewalt. Wenn auch vielleicht nicht auf dem Schulhof, so doch im Leben hat es etwas »entwaffnendes«, wenn der seelisch Stärkere auf Gewalt verzichtet und die Lösung mit friedlichen Mitteln sucht. Wer seinem Gegner die Linke entgegenhält, entdeckt in ihm den Menschen, mit dem das Gespräch möglich wird.

Ein eindrucksvolles Zeugnis für das Wirksame einer solchen Haltung gibt Laurens van der Post in seinem Bericht von der japanischen Gefangenschaft.[27] In einem Appell werden die gefangenen Offiziere der Reihe nach geschlagen und getreten. Ja, der japanische Kommandant zertrümmert einen Stuhl auf dem Kopf eines der Gefangenen. Als die Reihe an ihn selbst kommt, berichtet er:

»Ich war noch ganz im Widerstreit zwischen Zweifel

und der Frage befangen, was ich tun könnte, um die Krise zu lösen, als ich an die Reihe kam, vor Mori anzutreten. Ich ging auf ihn zu, und plötzlich fühlte ich mich seltsam ruhig. Mir war, als sei ich ein anderer Mensch geworden, und irgendwo tief in meinem Inneren hatte jemand unendlich Weiseres die Führung übernommen – jemand, der den Vorzug hatte, von altersher, seit es Menschen auf Erden gibt, solchen Lagen gegenübergestanden zu haben. Ich stand vor Mori, und dies andere Ich fühlte Moris Schläge und Fußtritte so genau voraus, daß es mich Kopf und Körper im letzten Moment, ehe die Schläge und Tritte fielen, zur Seite bewegen ließ – und das so, daß der rasende Mensch und seine Helfer es nicht einmal merkten; doch es genügte, den Schlägen ihre Heftigkeit zu nehmen – ich spürte sie kaum.

Tatsächlich kam mir die physische Wucht dessen, was Mori mir anzutun versuchte, so bedeutungslos vor, daß während er weiter auf mich eindrosch, das Nachdenken über die richtige Deutung dieses Geschehens ungehindert in mir weiterging. Ich suchte in meiner Vorstellung nach einem Weg, wie ich dem Ganzen ein Ende machen konnte, ehe es zu Schlimmerem ausartete, vielleicht zu etwas, was Mori selber gar nicht beabsichtigt hatte – und meine Überlegungen wurden womöglich noch klarer als zuvor. So kam es, daß, als Mori mir einen letzten Tritt versetzt hatte und mich zurück auf meinen Platz im Glied stieß und mein Blick nochmals das Maschinengewehr am Tor streifte, es mir vorkam, als höre ich tief in meinem Inneren die Stimme dieses anderen Ich, und sie befahl mir mit der

Autorität des Lebens selber: Mach kehrt! Geh zurück, stell dich vor Mori, damit er nochmals zuschlägt.

Vom Verstand her gesehen sprach alles gegen ein solches Handeln. Normalerweise gab es nichts, was die Japaner mehr reizte, ihre Strafen aufs äußerste zu treiben, als wenn wir etwas taten, was gegen ihre Regeln und ihr Ordnungsschema verstieß. Und doch klang diese Stimme in mir deutlich und unüberhörbar wie eine Glocke, so daß ich ohne Zögern kehrtmachte, zurückging und vor Mori strammstand, ehe der nächste Offizier meinen Platz einnehmen konnte.

Mori hatte bereits den Arm gehoben, um auf sein nächstes Opfer einzuschlagen. Schon wollte er loslegen, als ihm aufging, daß derselbe Mensch vor ihm stand, den er eben erst verprügelt hatte. Sein Schock über diese kleine Abweichung von einem ihm selbstverständlichen Vorgang war groß; man sah es sofort an seinen Augen. Er starrte mich von oben bis unten an – sein erhobener Knüppel blieb in der Luft stehen – er war, man kann es nur klischeehaft ausdrücken, wie einer, der am hellichten Tag einen Geist erblickt. Sein Schock war tatsächlich so stark, daß er den immer rascher werdenden Rhythmus der Leidenschaft und Wut unterbrach, der ihn gefangengehalten hatte. So gering die Abweichung auch war – sie begann ihn aus den vorbestimmten Prozessen kollektiver und instinktiver Reaktionen herauszulösen, die ihn umklammert gehalten hatten, und er wurde sich wohl plötzlich seiner selbst als eines Individuums bewußt, dem kein abstraktes und symbolisches Wesen gegenüberstand, sondern ein anderes Individuum. Er stand und starrte mich an, und ein seltsames inneres Erstaunen über diese unerwartete Wendung zeigte sich in dem düsteren Glimmern seiner dunklen Augen. Er führte noch einen schwächlichen Schlag gegen meinen Kopf, dann brummte er, als ekle es ihn an, die ganze Sache sei ihm unbegreiflich und nicht einmal seiner Verachtung wert. Er gab mir einen Stoß in Richtung des angetretenen Gliedes, drehte sich um, und, weiter vor sich hinbrummend, ging er fort und entschwand unseren Blicken.«

Die Stimme seines »anderen Ich«, die als Autorität des Lebens spricht, gibt ihm gegen alle Regeln des Verstandes ein, sich selbst noch einmal dem Schläger zu stellen. Diese Gesinnung bricht die Wut des anderen.

Was ist die Stimme des höheren Ich anderes als die Stimme dessen, der in der Bergpredigt spricht?

Die fünf Verhaltensweisen, die in Matthäus 5,38-42 gemeint sind, weisen eine Entwicklung vom Groben zum Feineren auf, vom Schlag zur Bitte und Anleihe. Die Spannungen, die zum gewaltsamen Rückschlag führen können, werden hier mit der Überwindung des Bösen durch das Gute beantwortet: Abbau der Spannung, Verständnis für den anderen, Entgegenkommen statt Eskalieren, Eingehen auf den anderen statt Losgehen gegen den anderen.[28]

Die Welt rückt dem Menschen »auf den Leib«. Selbst der Leibrock, das unterste Gewand, wird allmählich geraubt. Wie nackt und bloß, ohne Hülle, bleibt der Zeitgenosse. Und dann soll er auch noch den Mantel geben? Beachten wir nur den Raub, das Nehmen, und setzen dem gewaltsamen Willen des anderen den Eigenwillen entgegen – oder fragen wir: Was will der andere? Warum will er es? Braucht er es? Vielleicht braucht er eigentlich noch mehr? Wer sich entschließt, einen wärmenden Mantel aus freiem Willen hinzugeben, der wird durch das Geben reicher. Laß dich nicht nur nötigen, tue von dir aus ein unerwartetes Mehr; das wärmt und hüllt ein. Wenden wir wieder das Verhältnis zur geistigen und zur Sinneswelt als Maßstab an, dann hieße es sinngemäß: raubt dir dein einseitiges Verhältnis zur Sinneswelt schließlich das letzte Gewand, das dich umgibt und stehst du als Folge des Sündenfalls vollständig nackt und entblößt da, dann erfülle die bloß irdischen Gedanken und die »nackten Tatsachen« mit Interesse und Wärme. Umhülle sie, berge sie, schenke ihnen mit der Zuwendung Wärme – und du wirst eine vollmenschliche Beziehung zur Welt und zum Mitmenschen bekommen.

Die Nötigung, jemanden eine Meile zwangsweise zu begleiten, weist auf einen Frondienst hin, der von jedem Angeforderten zu leisten ist. Das Verbum *aggareuein* heißt: Menschen oder Tiere zu einer Dienstleistung zwingen. Ein solcher Zwang galt als verwerflich. Dagegen wurde das freiwillige Ehrengeleit, das man einem Lehrer usw. gab, als löblich und verdienstvoll angesehen.[29]

So konnte etwa ein römischer Besatzungssoldat einen Juden zwingen, ihm den Weg zu weisen, eine Last zu tragen, ihn nötigen, eine Meile mitzugehen. Das Erzwungene jedoch freiwillig zu tun, im Uniformträger den Menschen zu sehen, aus sich heraus das Doppelte von dem einzubringen, was sonst kraft der Gewalt in

Anspruch genommen wird, und damit schließlich einen Freund zu gewinnen, dies will hier das Bild aussagen. Gehört es nicht zu den Rätseln des 20. Jahrhunderts, daß in diesen Tagen Besatzungstruppen, die einst unser Land blutig eroberten, mit Blumen und Dankbarkeit verabschiedet wurden?

Aber auch allgemein im Leben: Werden wir nicht oft genötigt, Wege zu gehen, die wir selbst nicht wollen? Haben wir einen Arbeitsplatz, der uns nicht entspricht, den wir nur aushalten als auferlegten Zwang? Und wenn wir uns zu einem Anerkennen entschlössen, zur Einsicht, daß dies gerade jetzt dem Schicksal entspricht, und wir etwas Positives daraus machten, von innen her das Auferlegte verwandelten und damit menschlicher machten?

Dein Zeitgenosse wird eines Tages bittend an dich herantreten. Wer das Reich der Himmel in ersten Ansätzen in sich zu verwirklichen sucht, an den treten Fragen und Bitten heran. Gib dann dem, der dich bittet, denn was du gibst, hast du selber als Gnade empfangen, ist eine Gottesgabe, die du nur weiterreichst, die nicht von dir stammt. »Bittet, so wird euch gegeben« (Mt 7,7), wird es später heißen. Als Menschen bitten wir Gott und erhoffen seine Gnade. Tun wir am Mitmenschen Entsprechendes?

»Und wenn du so zu deiner Umwelt stehst, kommt die Stunde, daß derselbe, der dich zuerst geschlagen, beraubt und genötigt hat, als ein Bittender vor dir steht. Er braucht dich. Du darfst dich ihm nicht versagen. Du mußt ihm geben, was er von dir verlangt, ohne Aussicht auf Lohn und Dank. Nur weil er es braucht. Denn dieser andere, dein Zeitgenosse, er wird eines Tages wissen, daß er arm und in Not ist und daß du mehr hast als er. Er wird zu dir kommen, um zu borgen. Er braucht deinen Reichtum zum Leben. Gib ihm, was er ausleihen will. Denn dir ist die Fülle der Einsicht, der Reichtum des geistigen Lebens gegeben, damit du sie weitergibst denen, die sie zum Leben brauchen.«[30]

Die Überwindung der Blutsgebundenheit durch die Kraft der Liebe

Ihr habt gehört, daß gesagt ward:
Du sollst lieben deinen Nächsten
und sollst hassen deinen Feind.
Ich aber sage euch:
Liebet eure Feinde
und betet für eure Verfolger;
auf daß ihr Söhne werdet eures Vaters in den Himmeln.
Denn seine Sonne führt er herauf über Böse und Gute
und läßt regnen über Gerechte und Ungerechte.
Denn wenn ihr liebt, die euch lieben,
welchen Lohn habt ihr?
Tun nicht auch die Zöllner dasselbe?
Und wenn ihr nur grüßt eure Brüder,
was tut ihr Besonderes?
Tun nicht auch die Heiden dasselbe?
Darum – ihr sollt vollkommen sein,
wie eurer himmlischer Vater vollkommen ist.

(*Mt* 5,43-48)

Die Überwindung des Bösen durch Gutes war die vierte, ausführlicher dargestellte Stufe. Nun wendet sich die Bergpredigt der fünften Stufe des ersten Teiles zu. Sie mündet in ein abschließendes hohes Ideal ein: »Ihr sollt vollkommen sein, wie euer Vater vollkommen ist.« (5,48) Das Ziel der Menschwerdung ist die Gottwerdung. Das Getrennte bewegt sich aufeinander zu und führt zur Vereinigung. Die Verbindung von Mensch und Gott im Neuen Bund nimmt den Charakter innigster Verwandtschaft an: die Sohnschaft des Menschen Gott, seinem Vater, gegenüber.

Aber wenden wir uns zunächst der Frage der Feindesliebe zu. Im Alten Testament wird die Liebe zum Nächsten geboten:

Du sollst deinen Nächsten lieben
wie dich selbst. Ich bin der Herr.

(*3Mo 19,17*)

Und die Nächstenliebe wird sogar ausgeweitet zum Fremdsassen hin:

Der Fremde, der sich bei euch aufhält,
soll euch wie ein Einheimischer gelten,
und du sollst ihn lieben wie dich selbst:
denn ihr seid selbst Fremde in Ägypten gewesen.
Ich bin der Herr, euer Gott.

(*3Mo 19,33*)

Der Nächste ist also zunächst der nächste in der Familie, im Stamm und im Volk. Bande des Blutes, gemeinsame Volkszugehörigkeit, gleiche Rasse verbinden. Darüber hinaus ist der Nächste der Nachbar. Das

Wohnen und Leben am gleichen Ort, der gleiche Boden, verbinden. Aber die Bande des Blutes und der Volkszugehörigkeit reichen weiter. Alle sind Kinder Abrahams. Alle gehören dem auserwählten Volke an, mit dem Gott seinen Bund geschlossen hat. Gott selbst hat durch seinen Bund die Nächsten und Nahen auf der Grundlage des Volkstumes miteinander geeint. Und wenn in die Liebe zum Nächsten die Liebe zum Fremden im Lande eingeschlossen ist, dann geschieht das in Gedanken an den Aufenthalt in Ägypten: ein gemeinsamer Bund, eine gemeinsame Geschichte, die aus der Erwählung hervorgeht. Das Bewußtsein bleibt beim Nächsten. Die Ausweitung auf Menschen aller Völker wird erst später möglich.

Wer ist dann der Feind? Wie der Nächste der Volksgenosse ist, so ist der Feind der Volksfremde. Nicht der persönliche Gegner ist gemeint – die Reifung zur Persönlichkeit war ja noch im Gange –, sondern der Gegner des Volkes. Wer ein anderes Blut hat und eine andere Sprache spricht, ist Feind. Der Gegensatz Jude – Goi wie auch Hellene – Barbar weist den Nächsten als gleichen Blutes, gleicher Herkunft, gleicher Sprache aus und den Fremden als Gegner.

Was aber ist die Mission des Christentums? Die Liebe löst sich von den Banden des Blutes, der Verwandschaft, der Sippe und des Volkes allmählich los. Sie vermag eine freie Kraft zu werden, die von Mensch zu Mensch geht, unabhängig von seiner leiblichen Herkunft. Blutsverwandtschaft erweitert sich zur Wahlverwandtschaft. Christus führt im Neuen Bund die Gebundenheit an das Blut über sich hinaus. Später wird es sein Blut sein, das Menschen in der Kommunion miteinander verbindet und sie zu Brüdern und Schwestern macht. Das Lebensblut Christi schafft Verwandtschaft. Nächster wird der ganz andere. Die alte Unterscheidung von »Nächster« und »Feind« schwindet, das Individuelle tritt in den Vordergrund, die Liebe von Ich zu Ich entfaltet sich. Die Kraft dieser Liebe geht auf wie die Sonne am Himmel. Sie kennt nicht mehr die Begrenzungen der natürlichen Gegebenheiten. Ein himmlisches Prinzip leuchtet in Wärme und Licht auf.

Die bisherigen Elemente: Mord, Zorn, Haß, Begehren, Beschwören, Blutsliebe, die aus der Naturgebundenheit aufsteigen, werden durch Christus in die Region der Freiheit und der ichhaften Persönlichkeit erhoben: die Sonne geht auf. Die naturhafte Liebe ist noch keine Leistung der Seele. Sie tritt in bezug auf den Nächsten kreatürlich auf, wie die Liebe der Eltern zum Kind. Die Liebe als freie Tat des Menschen zum anderen Menschen wird bewußt gelebt und geübt. Sie hat bereits himmlischen Charakter. Sie macht auch den Liebenden christusverwandt, weil Gott die Liebe ist (1Joh 4,16).

Die Werke der Liebe und die Rolle der Selbstlosigkeit

Achtet darauf, daß ihr eure Frömmigkeit
nicht zu einem Schauspiel für die Menschen
macht.
Ihr habt sonst kein Verdienst
bei eurem Vater in den Himmeln.
Wenn du Taten der Liebe tust,
so laß nicht vor dir posaunen,
wie es die Heuchler in den Synagogen und auf den
Straßen tun,
die nur von den Menschen gefeiert werden
wollen.
Amen, ich sage euch:
Sie verscherzen sich selbst ihren Gewinn.

Wenn du Taten der Liebe tust,
so laß deine Linke nicht wissen, was die Rechte tut,
damit deine Liebestat im Verborgenen wirke.
Und dein Vater, der in dies Verborgene sieht,
wird es dir erstatten.

(Mt 6,1-4)

Auf der sechsten Stufe wird die Kraft der Liebe konkret. Sie kann an der Not des anderen nicht vorübergehen. Wird wirklich der andere einbezogen in die Liebe, dann läßt mich sein Los nicht gleichgültig. Allerdings ist die »milde Gabe«, das Almosen (bei Luther) ungenügend. Ja, das Almosen ist geradezu die Karikatur dessen, was hier gemeint ist. Es wäre das, was wir übrig haben, was wir aus schamhaft gefühlter moralischer Verantwortung geben, möglichst so, daß Name und Betrag oben auf der Liste stehen, damit alle Nachbarn sich an meiner Wohltätigkeit messen können! Nein, der Geist der Bergpredigt ist umfassender und radikaler. Als Rudolf Steiner 1921 vor achtzehn Menschen den ersten Theologenkurs hielt, charakterisierte er auch die Anforderungen an einen modernen Geistlichen: Der Priester sei in seiner Gemeinde eine selbstverständliche Autorität im Wirtschaftlichen. Das ganze Wohltätigkeitsleben in der Gemeinde, das heißt der brüderliche Ausgleich der Menschen untereinander, gehören zu seinem Wirkensfeld.

Die Liebe wird also wirtschaftlich konkret. Sagt noch das Sprichwort: Beim Geld hört die Freundschaft auf, so wäre nach der 6. Stufe der Bergpredigt zu sagen: das Christsein fängt beim Gelde an. Erst wenn die Menschenliebe vom Herzen übergeht in die Hand und ich das Notwendige gebe, wird Liebe konkret. Allgemeine Menschenliebe zu fühlen und den Mitmenschen zugrunde gehen zu lassen, ist unvereinbar.

Wird aber das Gute um des Guten willen getan, dann darf es nicht im Blick auf die Anerkennung durch andere vollzogen werden. Spenden, Stiftungen, Fonds für karitative Zwecke sind sinnvolle Einrichtungen. Sie tragen ihr Verdienst in sich selbst. Wer sich entschließt, vor Gott zu handeln und die Liebe zum Mitmenschen konkret zu üben, der verzichte auf die Wahrnehmung und Registrierung durch die anderen. Die Gottheit lebt und wirkt im Verborgenen. Das Unbewußte und Verborgene – die Linke – soll nicht wissen, was die Rechte bewußt und offen tut. Weder Selbstbestätigung noch Selbstbespiegelung gehören zur Tat des Guten. Sie geschieht in der Stille. Sie wird wie selbstverständlich geübt. Der Christ kann schließlich nicht mehr anders, als helfend in der Welt zu stehen, mit der Rechten zu wirken, aber er wird es unter dem schützenden Mantel des Verborgenen tun: Die Gefahr der Heuchelei ist ihm bewußt, das Gesehenwerden durch andere, das selbstgefällige Sich-selber-Sehen im Zuschauen bei der guten Tat. Das Gute einer Tat, die wirklich der Liebe entstammende Tat, ist auch von der Reinheit und Selbstlosigkeit des Bewußtseins abhängig. Sie geschieht letztlich in dem Bewußtsein, daß wir mit unserem Denken und unserem Handeln vor Gott leben.

Die Pflege des Gebets

Und wenn ihr betet, macht euch nicht
den Heuchlern gleich,
die da gerne stehen und beten
in den Synagogen und an den Ecken der Straßen,
um gesehen zu werden.
Wahrlich, ich sage euch,
sie verscherzen sich den Gewinn.
Wenn du aber betest,
so gehe in dein innerstes Gemach
und schließe deine Türe zu.
Bete zu deinem Vater,
der im Verborgenen ist.
Und dein Vater,
der in das Verborgene sieht,
wird es dir entgelten.
Und wenn ihr betet, sollt ihr nicht
leere Formeln reden
wie die Völker der Welt;
sie meinen ja,
sie werden erhört, wenn sie viele Worte machen.
Macht euch doch ihnen nicht gleich.
Denn euer Vater weiß, was euch nötig ist,
bevor ihr ihn darum bittet.

Mit der siebten Stufe erreicht die Predigt auf dem Berge bei Kapernaum einen Höhepunkt. Jesus Christus gibt eine Anleitung zum Beten. Zunächst über das Wie, dann über das Was. Die Klarheit und Schlichtheit dieser Anweisung ist einmalig. Das *Vater Unser*, das dann gestiftet wird, ist das Gebet überhaupt. Es ist das Gebet der Christenheit. Bis heute verbindet es alle Religionsgemeinschaften und Kirchen, die mit dem Christentum zu tun haben. In ihm einen sich alle Beter. Eine unsichtbare Gebetsgemeinschaft breitet sich in der Menschheit über die Erde hinweg aus. Man darf annehmen, daß in den vergangenen zweitausend Jahren christlicher Geschichte irgendwo irgendwer immerzu dieses Gebet gesprochen hat: in ununterbrochener Folge ist es aus Seelen aufgestiegen zum Vater.

Wenden wir uns zunächst der Methode des Betens zu. Der Anfang lautet nicht »Du mußt beten!« oder »Du sollst beten!« Wie in den Seligpreisungen wendet sich Jesus Christus an das Ich der einzelnen: »Wenn ihr betet ...« Ein eigener Entschluß wird vorausgesetzt. Ein Entschluß, den ein werdender Beter frei faßt. Er will vor Gott hintreten. Er will sein Herz Gott zuwenden. Er vertraut darauf, daß er ein Gegenüber hat, das er ansprechen kann und das hört, was er zu ihm sagt. Beten zielt auf Erhörung. Vorausgegangen war, wie die Liebe zum Nächsten sich erweitert in eine Liebe zum Fernsten und wie die Liebe das Miteinander der Menschen verändert – nun kommt die Liebe zu Gott zu Wort. Christliches Beten ist keine Pflichtübung. Nicht aus Angst vor Strafe rettet sich ein zitternder Beter in das Gebet, um dem Zorn Gottes zu entfliehen. Der, der auf der Höhe des Berges inmitten des Kreises der Jünger und im Blick auf die Not der Menschen das Beten lehrt, ist selber wesenhaft Liebe. Weil Christus die Menschen liebt, lehrt er sie beten. Weil er in ihrer Mitte ist, vertraut er ihnen das Gebet an, das sie dem Vater verbindet. Aus einem offenen Herzen und einem freien Entschluß erwächst die rechte Stimmung zum Gebet. Es ist eine Tat der Liebe. Das Gebet verbindet das Herz im Menschen mit dem Herzen Gottes.[31]

Ist aber aus Liebe der freie Entschluß gefaßt, dann gilt es, Gefährdungen im Auge zu behalten. War es beim »Almosen« die Selbstbespiegelung und Heuchelei, so ist hier die Öffentlichkeit, das Zur-Schau-Stellen, ebenso die Heuchelei ein Problem. Der wahre Beter vergißt sich selbst. Er geht auf im Tun. Er wird eine Schutzzone suchen, die eine Atmosphäre der Ruhe und Verinnerlichung schafft. Denn sowohl innerhalb eines Gotteshauses – der Synagoge – als auch auf der Straße gilt die Gefährdung des Als-ob. So tun als ob, die Frömmigkeit üben, um gesehen zu werden; Religionsausübung als offener oder verdeckter Egoismus.

Ist mit dem »Ihr« die Gefährdung für das religiöse Leben aller beschrieben, wird die Anweisung nun konkreter. Sie wendet sich an jeden einzelnen der Hörenden: »Wenn *du* betest …« – jeder Betende ist ganz allein, ganz er selbst. Ihn in seinem Innersten ansprechend, wird ihm das Wie beschrieben.

Das erste ist: »Gehe hinein in dein innerstes Gemach.« Beten heißt zunächst hineingehen – nach innen gehen – hinein in das Innerste einer jeden Seele, in die

Kammer des Herzens. Das *tameion* ist Vorratskammer, innerstes Gemach des bäuerlichen Hauses. Haben wir den freien Entschluß zu beten aus Liebe zum Ewigen gefaßt, dann ist das bewußte Eintreten in das Innerste des Menschen, in die Kammer seines Herzens der Anfang. Nicht nur, daß wir da mit unserem Ich zu Hause sind und wohnen. Da liegt auch der Reichtum unseres Wesens. Da gehören wir dem Reich des Himmels an und können nun aus diesem Vorrat Kraft und Nahrung für das alltägliche Leben suchen. Welche Wohltat, wenn ein Suchender regelmäßig die Kammer seines Herzens aufsucht und zunächst nur nach aller Zerstreuung im Draußen die Sammlung und Konzentration im Inneren sucht. Eintreten zu sich selbst, Einkehr ins Zentrum des eigenen Wesens, Verinnerlichung in der Mitte des Herzens.

Der zweite bewußte Akt, den Christus empfiehlt: »Schließe die Türe zu.« Sieben Türen, sieben offene Stellen hat unser Haupt: zwei Augen zum Sehen, zwei Löcher der Nase zum Riechen, zwei Ohren zum Hören, einen Mund zum Sprechen. Wer sich anschickt zu beten, kann die Türen ganz bewußt schließen: die Wahrnehmung der Welt durch das Auge wird durch bewußtes Schließen der Augenlider beendet. Die Kraft zu sehen wird nach innen gewandt. Schwieriger schon ist das Schließen der Ohren. Der Hörsinn verinnerlicht, für Geräusche sind wir empfindlicher. Und doch gehört es zur Übung des Gebets, bewußt die Ohren zu schließen. Wir wollen ja auf das Ohr Gottes vertrauen, darauf, daß er hört und erhört. – Das setzt aber voraus, daß wir unser Hören aus dem Lauten zur Stille, von außen nach innen wenden. Und schließlich schließen wir auch den Mund. Wir schließen ihn mindestens für die vielen Worte sowie als Tor zur Welt. Denn wir schicken uns an, die Worte des Gebetes in den Mund zu nehmen. Das heißt aber: durch Gottes Wort zu Gott zu sprechen. Indem Christus das Gebet vorspricht, spricht der Betende es nach, genauer: er spricht es mit Christus. Er nimmt dessen Gebet und Wort selber in den Mund. Den eigenen Mund als Sprechtüre zur Welt zu schließen, heißt auch: die Stille der Verinnerlichung suchen, das Nicht-Sprechen einüben, das Schweigen lernen, damit aus der Herzenskammer dann das Wort des Gebetes selbst in Reinheit erklingen kann.

Der dritte bewußte Akt lautet: »Bete zu deinem Vater!« Das Gebet hat zwei Pole: Das Ich des Menschen und Gott Vater als Du und Gegenüber. Wie unendlich nah als Vater ist das allmächtige Gotteswesen, das unsichtbar allem Sein zugrunde liegt!

Was muß ich als Mensch des ausklingenden 20. Jahrhunderts tun, um Gott als Vater ansprechen zu können? Wie schaffe ich mir ein Bild seiner Größe, in dem er allem als Grund und Ursache für die Existenz subsistiert, zugrunde liegt? Und wie lerne ich, die Welt, Erde und Mensch umgreifende, tragende und bergende Größe als ganz nah zu empfinden, väterlich zugewandt? Kann ich als aufgeklärter Zeitgenosse im Zeitalter von Wissenschaft und Technik lernen, mich als Kind Gottes, als Geschöpf zu empfinden? Rede ich Gott als Vater an, dann bin ich das Kind oder der Sohn – vielleicht auch der verlorene Sohn, der die Einkehr und Umwandlung vollzieht, wieder zum Vater aus der Gottesferne zurückzukehren.

Eine Voraussetzung für das Erwecken einer Empfindung von Gott als dem Vater ist die, neben und in dem Sichtbaren der Welt zunächst das Unsichtbare zu fühlen. Schon das Leben selbst, etwa in der Pflanzenwelt, gehört dem Unsichtbaren an. Die Seele eines Tieres und die Seele eines Menschen sind unsichtbar. Erst recht die Person, das Ich eines Menschen. Sichtbar ist die Außenseite, unsichtbar die Wesensseite der Welt. »Das Wesentliche ist unsichtbar«, wie es Saint-Exupéry im »Kleinen Prinzen« ausdrückt. Im Evangelium sagt Christus vom Vater: *To en to krypto* – der in der Krypta, im Verborgenen, lateinisch: im Okkulten ist. Der leibliche Vater ist leiblich – und nur leiblich – sichtbar. Als lebendige, durchseelte und geistige Person ist auch er unsichtbar. Erst recht der Vater aller Menschen und aller Kreatur. Übe ich vor einem nächtlichen Sternenhimmel den Aufblick zum Firmament und zu den grandiosen Bildern der Sterne, dann erwacht Staunen und Ehrfurcht im Innern. Ihrem Sein, ihren Gesetzen, ihren Rhythmen, ihrem Kreisen liegt der Vater zugrunde. Übe ich, am Ufer des Meeres den Gezeiten und den Wogen zu lauschen, erschließt sich mir langsam ein Gespür für die Zeit, die zu »Gezeiten« wird und den Atem des Meeres bestimmt, und ich lerne etwas zu erspüren vom Wesen des Vaters.

Aber auch die kleinste Pflanze, das Gänseblümchen oder das Veilchen, die nur wachsen und gedeihen, wenn Sonne, Mond, Sterne, Regen, Schnee und Erde zusammenwirken, offenbaren einen Gottesgedanken, der ihnen als Bauplan zugrundeliegt. Lerne die lebendige Schöpfung mit wachem und liebendem Auge sehen – und es werden sich dir überall die unsichtbaren Spuren der Schaffenskraft Gottes im Sichtbaren zeigen: in der Feder eines Vogels, im Gehäuse einer Schnecke, im Auge eines Pferdes, im Lächeln eines schlafenden Säuglings. Wie sagt es Paulus in seinem Brief an die Gemeinde in Rom:

Denn Gottes unsichtbares Wesen,
das ist seine ewige Kraft und Gottheit,
wird ersehen seit der Schöpfung der Welt
und wahrgenommen an seinen Werken …
(Röm 1,20)

Der Vater, der im Verborgenen ist, ist das Gegenüber, das durch das Gebet angesprochen wird. Bevor dies geschieht, rufe man den Vater ein wenig herbei, pflege die Beziehung zu ihm, lasse ihn da sein, staune, erwecke die Ehrfurcht, bevor man das Wort an ihn richte.

Der Vater eint in sich die geistige und die physische Welt. Er liegt allem Unsichtbaren wie allem Sichtbaren zugrunde. So ist er ganz verborgen und ganz offenbar. Er ist im Verborgenen und sieht in das Verborgene. Bin ich ganz bei mir, habe ich den Schritt nach innen in das Herz getan, habe ich alle Türen geschlossen und dann den bewußten inneren Aufblick zum Vater geübt, dann sieht er in das Verborgene meines Wesens. Gott sieht, sein Auge ist uns zugewandt. Gott hört, sein Ohr ist offen für uns – im Verborgenen treffen sich unsichtbares Menschenwesen und unsichtbares Gotteswesen, und die Hoffnung des Betens ist: Vergebung. Der Koran, das heilige Buch des Islam, sagt etwas damit Verwandtes:

»Ihm, dem Allbarmherzigen, der auf seinem Thron sitzt, gehört alles, was in den Himmeln und was dazwischen und was unter der Erde ist. Daher ist es nicht nötig, daß du mit lauter Stimme sprichst; denn er kennt das Geheimste und Verborgenste.«[32]

Noch einmal wird die Problematik der vielen Worte, das »Plappern wie die Heiden«, genannt. Wenn das Gotteswort Samenkorn ist, dann wächst es aus sich heraus. Aus dem Verborgenen, Kleinen kann bei rechter Pflege Großes wachsen. Qualität geht vor Quantität. Schlimm waren die Zeiten, als noch zehn Vater Unser als Buße auferlegt wurden. Die Vielheit der Worte führt in die Zerstreuung. Die Sammlung auf weniges und den Einen führen zu ihm.

»Euer Vater weiß, was euch nötig ist, bevor ihr ihn darum bittet.« – Das Beten kommt aus dem Innersten einer Person. Es sollte aber nicht ein zu persönliches Bitten werden: unsere Sorgen, unsere Schmerzen, unsere Nöte werden gewußt. Sie liegen vor Gott offen. Und was uns wirklich guttut, was uns frommt, wissen wir ja oft nicht. Was wirklich unsere Not wendet, wessen wir in Wahrheit bedürfen, ist oft anderes, als wir wohl meinen und wünschen. Deswegen kommt das »Ich« im Vater Unser nicht vor.

Das Vater Unser

So soll euer Gebet sein:
Vater unser,
der du bist in den Himmeln,
geheiliget werde dein Name.
Dein Reich komme,
Dein Wille geschehe wie im Himmel so auf Erden.
Unser alltägliches Brot gib uns heute,
und vergib uns unsere Schulden,
wie wir vergeben unseren Schuldigern,
und führe uns nicht in Versuchung,
sondern erlöse uns von dem Bösen.
Denn wenn ihr den Menschen ihre Fehler verzeiht,
so wird euch auch euer himmlischer Vater vergeben.
Wenn ihr aber den Menschen nicht verzeiht,
dann wird auch euer Vater eure Verfehlungen nicht vergeben.

(Mt 6,5-15)

Das Vater Unser ist ein Gemeinschaftsgebet. In der Wir-Form wird es gesprochen. Neunmal spricht sich das »Unser« und »Uns« und »Wir« aus. So gehört auch dies zu einem letzten Akt der unmittelbaren Vorbereitung: Fühle im Innersten deines Wesens die Verbindung zu

anderen Seelen, Lebenden und Verstorbenen. Reihe dich ein in den Chor der Betenden. Spüre die Kraft und die Steigerung, die durch das gleiche Gebet in unendlich vielen Herzen kumuliert und die Beter zur sichtbaren und unsichtbaren Gebetsgemeinschaft verbindet.
Die Liebe zum Ewigen, die Liebe zu Gott verwirklicht sich im Gebet. Der Mensch tritt in einen unmittelbaren und bewußten Zusammenhang mit den Himmeln, die in allem Sein verborgen sind. Aus der Kraft des Ich und mit der Hilfe Christi lebt er sich dadurch in die geistige Welt ein. Das Vater Unser zeigt in seinem Aufbau und in seinem Inhalt die Verbindung des Reiches der Himmel mit dem Reich der Erde. Als Gebet des Neuen Bundes verbindet es, was vor Christus getrennt war. Die Himmel, die als Name, Reich und Wille genannt werden, einen sich dem Reich des Menschen auf Erden, das im Brot, in der Schuld, in der Versuchung und im Bösen zu finden ist. Das Vater Unser verbindet Himmel und Erde. Im betenden Menschenherzen geht das Reich des Geistes auf. Im Gebet senkt sich durch Gnade die Gotteswelt in das Herz ein.

Der Inhalt kann hier nur im Vorübergehen betrachtet werden. Er ist zu umfassend. Er beschäftigt das Fühlen und Denken der Christenheit seit zweitausend Jahren. Ein Gebet erschließt sich auch nur durch das Beten oder seine meditative Betrachtung.

Über die Anrede »Vater« haben wir gesprochen. Der Betrachter und der Betende tun gut daran, sich zu vergegenwärtigen, daß Jesus Christus hier spricht. Christus wendet sich zum Vater: »Niemand kommt zum Vater denn durch mich.« Er nimmt die hörenden Jünger und später alle Beter in diese Zuwendung und Ansprache des Vaters herein, auch wenn das erst nach seiner Auferstehung Wirklichkeit wird. Zunächst ist sein Verhältnis zum Vater anders als das der Jünger. Durch Christus haben wir die Möglichkeit zur Gottessohnschaft erhalten. Der Sohn Gottes läßt uns Menschen Söhne Gottes werden. Die Beziehung des Schöpfers zum Geschöpf, des Vaters zu den Menschenkindern klingt in der nahen und liebevollen Anrede auf. Die Gemeinschaft der Beter wird in dem Plural »unser« bewußt. Wird es in der Gemeinde innerhalb der Menschenweihehandlung nach vollzogener Wandlung und vor der Kommunion ausgesprochen, so ist das »Wir« der Gemeinschaft deutlich. Jedoch auch in der Kammer, im Herzen des einzelnen weitet sich der Inhalt und der Gestus des Gebets in das Gemeinschaftliche. Subjekt ist die Christenheit. Nie ist der Beter allein. Die Heiligung des Namens geschieht in Christus. Der Sohn ist zwischen dem Vater und dem Heiligen Geist Namensträger. In seinem Namen, Jesus – »der Heilende« und Christus – »der Gesalbte«, einen sich Menschen- und Gotteswürde. Im Namen wird das Wesen offenbar. Die Wiederholung des Gebets schließt den Prozeß der Heiligung ein. Und wenn der Vater in den Himmeln ist, sind auch der Sohn und die Menschensöhne mit einem Teil ihres Wesens Himmelsbürger. Der Sohn ist Mensch geworden und teilt das Leben und Schicksal der Menschen als Bruder. Wendet er sich mit Menschenworten zum Vater, der sein Sein in den Himmeln hat, dann setzt die Heiligung ein, und im Namen ist er selbst, der sonst nicht in dem Gebet genannt ist, enthalten.

»Dein Reich komme« – wohin? Zu uns Menschen. In uns Menschen gehe es auf. Durch den Leib gehören wir dem Reich des Mineralischen an. Durch das Lebendige teilen wir das Reich des Lebens, das die Pflanzen und uns durchdringt. Durch die Seele sind wir einzelne Glieder im Seelenreich, wie auch ein Tier Anteil hat an der Gruppenseele seiner Art. Als Person gehören wir mit unserem Ich bereits zur geistigen Welt, dem »Reiche der Himmel«, wie schon die erste Seligpreisung sagte. Geht das Reich der Himmel im Ich des Menschen auf, dann verbindet sich das Reich des Vaters dem Reich der Menschen. Sein Reich kommt.

Gott wirkt durch seinen Willen. Christus hat sich den Willen des Vaters zueigen gemacht. Durch seine Menschwerdung, sein Erdenleben, seine Heilungen, seine Lehre, die Passion, den Tod am Kreuz und die Auferstehung hat er die Weltenziele des Vaters zu seinen eigenen gemacht. Daß der Wille Gottes in den Himmeln geschehe, daß diese nach seinen Gesetzen und Ordnungen wirken, ist einsehbar. Schwieriger ist es, den Raum unter den Menschen zu schaffen, damit der Wille Gottes geschehe und nicht nur der menschliche Wille! Das Denken und Wollen der Menschen hat einen unglaublichen Fortschritt gebracht und zugleich die Welt aufs Höchste gefährdet. Können Menschenwille und Gotteswille zusammenwirken? Wenn der Denker Martin Heidegger (1889-1976) kurz vor seinem Tod in einem Interview mit Rudolf Augstein aussprach: »Nur ein Gott kann uns retten!«, dann ist darauf zu erwidern: Die Errettung und Erlösung dank des Vaters durch den Sohn ist nicht nur vorgesehen, sondern bereits objektiv geschehen. Das ist doch der Sinn des Mysteriums von Golgatha. Die Frage lautet also vielmehr, ob Menschen den göttlichen Willen und die Erlösungstat in sich und durch sich wirken lassen. Wenn Gott die Freiheit und Selbständigkeit des Menschen achtet, dann wirkt er durch seinen Willen nur in dem Maß, wie Menschen es selber wollen. Erst dann vermag der Wille Gottes auch auf Erden zu wirken.

Name – Reich – Wille, Bewußtsein, Herz und Tat dessen, der als Vater auch den Reichen der Himmel zugrunde liegt, ist in der Vierheit der folgenden Bitten dem Erdenschicksal des Menschen zugewandt.

Das *tägliche Brot* ernährt und erhält am Leben. Diese Bitte hat ihr Gewicht durch die Not und den Hunger in der Welt. Zwei Drittel der Menschheit werden nicht satt. Aber die Not müßte noch größer werden, wenn nicht das Brot des Geistes als Nahrung der Seele Ideen, Methoden, Arbeitsweisen brächte, die ein Mehr an Brot ermöglichen. An einer Bäckerei in der mittelalterlichen Stadt Rothenburg ob der Tauber steht geschrieben: »Du findest für den Leib das Brot in diesem Haus; das Brot für deine Seel teilt Gotteswort dir aus.«

Nicht, weil die Erde die Menschen nicht ernähren könnte, sondern weil Menschen durch Kriege, Ausbeutung, Mißhandlung der Erde und der Meere einseitigen Materialismus praktizieren und das Reich der Himmel auf Erden mißachten – deswegen gibt es nicht genug Brot. Das Brot auf dem Altar lehrt uns, Stofflich-Lebendiges wieder mit der Ursprungswelt des

Geistigen zu verbinden, Geistiges im Stofflichen aufgehen zu lassen, damit Seelen ihre Nahrung und Lebenskraft erhalten: durch das Brot des Geistes, durch Christus, der sich selbst als das »Brot des Lebens« bezeichnet, wird auch das tägliche Brot reicher und sättigender. Das tägliche Feiern der Menschenweihehandlung als das Sakrament des Brotes und der Speisung ist in die Bitte eingeschlossen: die Heiligung des Tages, der das Beten auf das Brot konzentriert. Das Feiern der Weihehandlung wird auch Danksagung – Eucharistie – genannt. Durch diese Danksagung lernen wir einsehen, daß uns im Brot des Lebens auch die Substanzen ernähren, die letztlich Gaben des Vaters sind. Aus seiner Substanz gehen sie hervor. Angelus Silesius (1624-1677), der geistliche Dichter, Mystiker und Arzt, der später Priester wurde, schuf das Gebet:

Das Brot ernährt uns nicht,
was uns im Brote speist,
ist Gottes ewiges Wort,
ist Leben und ist Geist.

Er blickt auf die Qualität, die im Brot wirkt. Im weiteren Sinne kann dann gesagt werden: In allem, was der Tag bringt, kann Ernährendes, Aufbauendes, Sättigendes gesucht werden. Das ewige Wort, die Qualität des Lebens und der alles durchziehende Geist schenken sich immer, wenn sie betend gesucht werden.

Bildet die Bitte um Brot in der Siebenheit des Vater Unsers eine Mitte, so folgen jetzt Schuld – Versuchung –

das Böse. Die Last des Erdenseins entspricht der ersten Dreiheit des Himmelseins. Dem Vater Unser liegt auch eine Therapie zugrunde. Durch die Zuwendung zum Vater, die Heiligung des Namens, das Kommen des Reiches und die Einung mit dem göttlichen Willen wird die Kraft errungen, Vergebung zu üben, der Versuchung zu widerstehen, das Böse zu überwinden.

Die *Schuld* belastet den Menschen. Bitten wir um »Entschuldigung«, dann erhoffen wir vom anderen, daß er nicht belastend zurechnet, was ich als Schuld schuldig geblieben bin. Ich kann aktiv eine Schuld auf mich laden. Ich kann und werde auch passiv Schuld nicht vermeiden können. Schulde ich doch anderen das meiste in meinem Leben: Andere haben mich ins Leben geleitet, andere haben mich erzogen, für meine Ernährung, Kleidung und Wohnung haben andere gearbeitet, auch für meine geistige Existenz haben unendlich viele vor mir gearbeitet und mir die Frucht ihres Denkens und Dichtens zugereicht. Wer sich bewußtmacht, was er anderen verdankt, fühlt auch, was er anderen und der Welt schuldig bleibt. Weiten wir den Blick über den Menschen zur Natur hin aus, verdanken wir der lebendigen Natur unseren Lebensraum, unsere Nahrung und damit das Leben selbst. Was bleiben wir der lebendigen Erde dafür schuldig?

Schuld und Schuldigwerden ist notwendig mit der irdischen Existenz verbunden. Bitten wir Gott um Vergebung, so ist die Vergebung mit unserer eigenen Haltung verbunden: vergeben wir, kann Gott vergeben; Gott vergibt, wenn wir selbst den Ausgleich unter Menschen schaffen. Im Vergeben liegt eine soziale

Heilkraft verborgen. Wer vergibt, macht aus einem Schuldner einen Freund. Atem, Weite, Großzügigkeit ziehen in das soziale Miteinander ein, wenn wir nicht nur wie Buchhalter der Moralität das Schuldenkonto des Mitmenschen erbarmungslos führen, sondern durch bewußtes Vergeben für die Zukunft einen Freiraum für neue Entwicklungen schaffen. Das Vergeben kann ganz im Innern beginnen: Wie denken wir über unseren Mitmenschen? Urteilen wir richtend? Messen wir Schuld zu – oder glauben wir an seine Wandlung, geben wir ihm die Chance für einen Neuanfang, für das Werden einer neuen Möglichkeit?

Zur Kultur des Gebetes wird es gehören, sich täglich neu bewußt zu werden, wo ich neue Schuld auf mich geladen habe. Die Bitte um Vergebung bekommt dann ihr spezifisches Gewicht. Die Hoffnung, daß die Gottheit mir vergibt und mich einen neuen Tag beginnen läßt, schenkt auch die Kraft, selber zu vergeben. Dem Mitmenschen wird dann zuteil, was ich von Gott erhoffe.

Die sechste Bitte macht immer aufs neue Schwierigkeiten. Und auch hier soll nicht der Anspruch erhoben werden, das letzte Wort dazu sagen zu können. *Versuchung* gibt es. Aber soll Gott in Versuchung führen? Ist es nicht der Versucher, der immer neu versucht, den Menschen vom rechten Wege abzubringen? Der Wortlaut bei Matthäus (Mt 6) und im Lukas-Evangelium (Lk 11) ist eindeutig überliefert. Das griechische Wort *peirasmos* heißt Versuchung. Es heißt aber auch Prüfung. Prüfung ist notwendig, schafft einen Qualitätserweis. Prüfen wir Schüler, Handwerker, Studenten, Meister, dann wollen wir die Qualität stärken. So heißt auch das dazugehörige Verb *peirazo* versuchen, probieren, proben, auch untersuchen, erforschen. Vor der Prüfung zittern wir und beten vielleicht ein Stoßgebet. Nach überstandener Prüfung sind wir dankbar und froh und eine Stufe weiter auf dem Lebensweg.

Entlasten wir das Wort »Versuchung« zunächst von seinem moralischen Beigeschmack und hören wir stärker die Prüfung, die Gott uns zumutet. So wird ja bereits am Anfang des Alten Bundes Abraham geprüft, ob er bereit ist, seinen Sohn zu opfern (1Mo 22), und das Buch Hiob schildert geradezu den klassischen Fall, wie die Gottheit einen Getreuen und Gerechten durch Zulassen des Versuchers in harte Prüfungen schickt, um die letzte Steigerung und Reife zu bewirken. Die Versuchung ist von Gott her der Versuch, den Menschen auf die Probe zu stellen und seine Fähigkeit zum Bestehen und Überwinden zu steigern.

Wir lernen daraus, daß die Gottheit dem Bösen und damit der Versuchung gegenüber einen anderen Standpunkt einnimmt als der Mensch. Für Gott ist der Versucher im Weltenplan vorgesehen. Die Macht des Widersachers wird zugelassen. Gott hindert den Versucher nicht. Ja, wir müssen sogar sagen: alles, was uns in Versuchung führen kann, ist letztlich selbst von Gott geschaffen wie der Versucher selbst. Bitten wir darum, nicht in Versuchung geführt zu werden, dann bekennen wir einerseits, daß es in der von Gott geschaffenen Welt die Versuchung und den Versucher gibt. Andererseits fühlen wir unsere Schwäche und unser Unvermögen, aus eigener Kraft die Versuchung zu bestehen und die Macht des Versuchers zu überwinden. Wir sind auf Gnade angewiesen. Deswegen fügen wir uns durch den Vollzug des Gebetes in die Gemeinschaft der Beter ein, weil wir auf wechselseitige Hilfe und Stärkung hoffen. Mit jedem Gebet suchen wir unsere Tragfähigkeit zu stärken. Durch die erhöhte Wachheit und die Kraft des Gebetes vermögen wir uns zu wappnen. Aber in realistischer Einschätzung unserer eigenen Kraft bitten wir die geistige Führung unseres Schicksals, nicht in Versuchung geführt zu werden, die uns letztlich überfordert und die wir nicht zu bestehen vermögen. Auf Erden ist der Versucher die Widersachermacht des Menschen. Im Himmel dient er dem göttlichen Heilsplan, der den geprüften, erstarkten und freien Menschen zum Ziel hat.

Wir haben schon bei der vierten Stufe der neuen Weisungen die grundsätzlich veränderte Haltung dem Bösen gegenüber kennengelernt. Der religiöse Mensch wird anerkennen lernen, daß selbst der Sündenfall und damit das Anheimfallen des Urmenschen der Macht des Versuchers in den göttlichen Heilsplan eingefügt wird. Das Übertreten des Gebotes führt zur Freiheit. Ist die Freiheit eine ungeheure Versuchung, wenn sie nur das »Losmachen von« beinhaltet und zur Willkür wird, so kann sie doch auch das kostbare und hohe Gut werden, das allein der Freie der Gottheit entgegenbringen kann. Die Bibel geht davon aus, daß die Gottheit die Macht des Widersachers zuläßt, um den Versuch mit den Menschen zu wagen, auf den die Gottheit in tiefem Vertrauen baut. Die Versuchung des Menschen als göttlicher »Versuch«, bewirkt durch die

Widersacher! Diese Herausforderung des Menschen steigert seine Kraft und erweckt eine neue Moralität, die ihn über sich hinausführen kann. Aus der Überwindung der Versuchung geht er gestärkt hervor.

Im Buch Hiob wird geschildert, wie Gott dem Satan – wörtlich: dem »Hinderer« – alles, was Hiob auf Erden hat, in die Hand gibt: »Siehe, alles was er hat, sei in deiner Hand; nur an ihn selbst lege deine Hand nicht!«

Die schweren Versuchungen und Prüfungen durch den Widersacher führen Hiob letztlich zu der Gewißheit, daß der Erlöser lebt (Hiob 19,25) und zu dem Bekenntnis:

> *Ich hatte von dir nur vom Hörensagen vernommen; aber nun hat mein Auge dich gesehen. Darum spreche ich mich schuldig.*
>
> *(Hiob 42,5;6)*

Und sein Leben endet gesegnet und »lebenssatt«.

Kommen wir nicht immer wieder gerade durch die schweren Prüfungen und das Bestehen von Versuchungen dazu, Gott, den wir nur »vom Hörensagen« kennen und vielleicht mit den Lippen bekennen, wirklich lebendig zu erfahren?

Goethe hat in der größten Tragödie deutscher Sprache, dem »Faust«, mit dem Prolog im Himmel an das Hiobsmotiv angeknüpft. Mephistopheles, als Verkörperung des Versuchers, nennt den Menschen den »kleinen Gott der Welt«, der seine gottgegebene Vernunft allein gebraucht, um »tierischer als jedes Tier« zu sein. Doch der Herr bekennt sich zum Menschen:

»Wenn er mir jetzt auch nur verworren dient, so werd ich ihn bald in die Klarheit führen.« Auch hier läßt der Herr den Bösen als Versucher wirken – auf Erden – und führt dadurch Faust aus den Verirrungen und Versuchungen seines Schicksals (erster Teil der Tragödie) zu einer höheren Klarheit, zum Erlöser und der Erlösung hin (zweiter Teil).

Sowohl das alttestamentliche Buch Hiob als auch der Prolog im Himmel in Goethes Faust unterscheiden die Rolle des Versuchers auf zwei Ebenen: im Himmel dient er letztlich dem Heilsplan und wird zugelassen. Auf Erden wirkt er als Widersacher des Menschen und alles Menschlichen. Die Bitte des Vater Unser gibt wohl, weil sie sich an den Vater richtet, diesen letzten und tiefsten Aspekt der Versuchung wieder.

Paulus hat in seinem ersten Brief an die Gemeinde in Korinth das Problem berührt, daß nicht Gott selbst in Versuchung führt, sondern auf die Kraft des Menschen baut, ihr zu widerstehen:

> *Wer zu stehen meint, sehe zu, daß er nicht falle. Noch ist keine übermenschlich schwere Versuchung über euch gekommen. Denn Gott ist treu; er wird nicht zulassen, daß ihr über eure Kraft hinaus versucht werdet.*
>
> (*1Kor* 10,12)

Er baut also auf die innerste Kraft im Menschen, der der Versuchung widersteht. Im Garten Gethsemane spricht Jesus Christus diese Kraft an. Als er die drei Jünger Petrus, Jakobus und Johannes mit sich in das

Innere des Gartens nimmt, um in der schwersten Stunde vor der Gefangennahme in seinem Beten und Ringen nicht allein zu bleiben, findet er sie schlafend vor. Sie haben die Prüfung nicht bestanden.

> *Wachet und betet, daß ihr nicht in Versuchung fallet! Der Geist ist willig, aber das Fleisch ist schwach.*
>
> *(Mk* 14, 38*)*

Die Wachheit des Bewußtseins und die Kraft des Gebetes helfen, der Versuchung zu widerstehn. Herabdämpfung des Bewußtseins über das Träumen bis zum Schlaf hin und fehlendes Gebet steigern die Angriffsfläche für den Versucher. Im wachen Gebet stellt sich die Gottheit auf die Seite des Menschen, der damit die Versuchung überwinden kann.

Da im Vater Unser diese Bitte aus der Gemeinschaft für die betende Gemeinde gesprochen wird, liegt das Los der gefallenen Menschheit darin eingeschlossen. So wie der Sündenfall ein übermenschliches Ereignis war, das den Urmenschen durch »Eva« – seinen dafür empfänglichen Teil – hereingerissen hat in den Machtbereich des Versuchers, so kann auch nur dank der Erlösungstat Christi durch dessen gnadevolle Zuwendung zum Menschen dieser die Kraft mit Hilfe der Gemeinschaft finden, die übermenschliche Macht des Bösen zu überwinden. Die Menschheit als ganze ist in Versuchung geführt worden. Aus ihr geht sie gestärkt und verwandelt hervor, wenn sie die Ichkraft des einzelnen mit der Wirkkraft der Gemeinschaft verbindet und die Hilfe Gottes annimmt, die sich in diesem Gebet darbietet.[33]

Das Vater Unser beginnt mit dem Vatergott. Es endet mit dem *Bösen.* Der Widersacher Gottes bildet den Abschluß. Die Bitte um Erlösung von allem, was uns bindet, kettet und in Fesseln schlägt, faßt das neue Gebet in sich zusammen. Wer realistisch im Leben steht, muß mit dem Bösen rechnen. Satan heißt »der Hinderer«. Diabolos (griechisch) führt zu dem deutschen Wort Teufel. Das ist der »Durcheinanderwerfer«, der jede Ordnung auflöst und alles durcheinanderwirft. Schon in diesen beiden Bezeichnungen wird die doppelte Macht der Widersacher, die Doppelnatur des Bösen, das Satanische und das Teuflische, Diabolische (das Ahrimanische und das Luziferische), charakterisiert. Die Macht der Widersacher kann nicht aus menschlicher Kraft allein überwunden werden. Erlösung ist aber dank der Gnade möglich. In der Bitte um die Aneignung und Teilhabe an den erlösenden und Freiheit schenkenden Gnadekräften endet das Vater Unser. Spreche ich dieses Gebet, dann wird Wirklichkeit, was sein Wortlaut sagt. Im Sprechen des Vater Unsers spreche ich mit Jesus Christus gemeinsam. Ich bin in dem Augenblick in der geistigen Welt, aus der heraus es gesprochen und gegeben wird, und verwirkliche die Heiligung des Namens, das Kommen des Gottesreiches und den göttlichen Willen. Und wenn die eigene Kraft des Betens nicht reicht, wird sie durch Christus, der es nicht nur damals auf dem Berge bei Kapernaum stiftete, sondern immer mitspricht, in der gemeinsamen Zuwendung zum Vater ergänzt.

Die bewußte Veränderung der Lebensweise

Wenn ihr fastet,
sollt ihr nicht sauer sehen wie die Heuchler,
denn sie verstellen ihr Angesicht,
auf daß sie vor den Leuten etwas scheinen mit ihrem Fasten.
Wahrlich ich sage euch:
Sie haben ihren Lohn dahin.
Wenn du aber fastest,
so salbe dein Haupt und wasche dein Angesicht,
auf daß du nicht scheinest
vor den Leuten mit deinem Fasten,
sondern vor deinem Vater, der im Verborgenen ist;
und dein Vater, der in das Verborgene sieht,
wird es dir vergelten.

(*Mt* 6,16-18)

Die achte Stufe lehrt das Fasten. Dabei sagt die Komposition Wesentliches aus. Das Fasten ist hier nicht die Voraussetzung des Gebetslebens. Vielmehr ist es für den Beter eine selbstverständliche Folge, daß sich seine Lebensgewohnheiten ändern. Die frühere Abkehr vom Leben, um durch Askese und Fasten ein geistiges Ziel zu erreichen, wird in eine positive Änderung der Lebensweise verwandelt, weil die Frucht des Gebets Bedürfnisse und Verhalten des Strebenden ändert.

Für die Zeitgenossen der Wohlstandsgesellschaft steht das Fasten und Heilfasten unter einem bestimmten Vorzeichen. Das Zuviel ist der Alltag. Der Durchschnittsbürger ißt weit mehr, als er braucht. Das Entschlacken und Schlankheitsfasten ist bereits »einprogrammiert« in das Übermaß an Essen und Trinken. Für die Menschen der Zeitenwende war das Fasten eine echte Einschränkung und bewußte Enthaltung von etwas, was zum Leben nötig war. Der Verzicht war bewußt, die Beschränkung gravierend. Heute lernen wir eine neue Verantwortung den Tieren, den Pflanzen und der lebendigen Erde gegenüber. Die Zahl der Menschen wächst, die in ihren Eßgewohnheiten Rücksicht nehmen auf den Haushalt der Natur. Der Fleischgenuß wird geringer. Schlimm ist weiterhin der Alkoholverbrauch. Das Trinken ist vor allem im Übermaß und jenseits der bewußten Kontrolle eine Volksseuche. Die Schäden, die aus einseitigem Genußleben stammen, sind unermeßlich. Moralische Appelle verhallen; nur wenn es gelingt, das Ich anzuregen, aus eigener Kraft eine Änderung der Lebensweise herbeizuführen, besteht Aussicht auf Besserung und Erfolg. Die Sinnfindung im Leben, hier: das Leben mit dem Vater Unser wirkt sich im täglichen Verhalten aus. Fasten als verantwortliche Einschränkung ist selbstverständliche Folge des Betens.

Jesus Christus hat nach der Taufe im Jordan vierzig Tage in der Wüste verbracht. Die Überwindung der Macht des Widersachers war mit Fasten verbunden (Mt 4,1-11; Mk 1,12;13; Lk 4,1-13). Sonst berichtet das Evangelium nichts von Übungen des Fastens und der

Askese. Das Fasten in der Nachfolge Jesu, das nicht zu einem »Sauer-Sehen« führen soll, ist freie Tat des Menschen und mit der Salbung einer höheren Weihe für die geistigen Ziele verbunden. Jeder, der ein wirklich ernstes geistiges Leben führt, ob als Beter, Denker, Forscher, Arbeiter oder Künstler, wird von selber entsprechende Verzichte oder Einschränkungen leben.

Die bisherigen Anweisungen der Bergpredigt schildern die Lebensbedingungen, die für einen Menschen gelten, der den Weg zum Geist sucht. Sie beschreiben, was das Ich des Menschen tun kann, wenn es die geistige Welt als Heimat der Seele entdecken und erfahren will:

Das Vermeiden jeder Form des Tötens und das Anerkennen der geistigen Natur des Mitmenschen; die Reinheit der Empfindung in der Frage der Beziehung von Frau und Mann; die Wahrhaftigkeit der Rede; die Offenheit auch dem Bösen gegenüber und damit seine Verwandlung von innen her; die Liebe zu allen Menschen, auch wenn sie ganz fern stehen; die Liebe in Gestalt des praktischen sozialen Ausgleichs; die Liebe zu Gott, wie sie im Gebet des Vater Unsers geübt wird; die Veränderung der Lebensweise als Folge des Betens; sie alle zielen auf die neunte und zehnte Stufe des Weges: Die Erleuchtung des Willens und die Erkraftung des Denkens.

Das Sammeln geistiger Schätze

Die neunte Stufe hebt mit drei grundlegenden Sätzen an:

Ihr sollt euch nicht Schätze sammeln auf Erden,
wo sie die Motten und der Rost fressen
und wo die Diebe nachgraben und stehlen.

Sammelt euch aber Schätze im Himmel,
wo weder Motten noch Rost sie fressen
und wo die Diebe nicht nachgraben und stehlen.

Denn wo euer Schatz ist,
da ist auch euer Herz.

(*Mt* 6,19-21)

Der Wille des Menschen ist zunächst fast ausschließlich auf das Sammeln und Erwerben irdischer Schätze gerichtet. Die Arbeit zielt auf Gewinn und Verdienst. Mit ihm soll Eigentum geschaffen werden. Und wer Eigentum hat, wird meist nach mehr streben. Für die Persönlichkeitswerdung hat der Erwerb von Eigentum einen tiefen Sinn: Wer sich Eigenes schuf, konnte auf eigenen Füßen stehen und sich aus dem Verband des Blutes, der Familie, der Verwandtschaft, dem Volksstamm lösen. War ursprünglich alles Gemeinbesitz, so förderte das Streben nach Eigenem das Werden der

Persönlichkeit. Von dem ersten, der sich aus der gemeinsamen Wiese, dem gemeinsamen Wald, den Pflanzen und Tieren etwas für sich aussonderte, sagten die anderen: privat! (»Er hat gestohlen«, von lat. *privare* = stehlen.) Aus der Sicht der Gemeinschaft, die ihren gemeinsamen Besitz nach ihren alten Rechtsordnungen verwaltete, war die Aneignung von Besitz durch einen einzelnen zunächst gestohlenes Gut. Allmählich wird aus dem Negativen in der Entwicklung ein Positives. Die Arbeit an einem eigenen Stück Erde, die Verantwortung für die Pflege, die Sorge für den eigenen Besitz läßt Eigenschaften in der Kultur der Persönlichkeit heranreifen, die heute unverzichtbar sind. Das Schicksal der Staaten, die zwangsweise sozialisiert haben, hat uns gelehrt, wie die Sorgsamkeit und Verantwortung des einzelnen schwindet. Alles wird vom Staat erwartet. Daß alles allen gehört, ist jedoch heute nicht nachvollziehbar und bewirkt die Lähmung jeder individuellen Initiative und Verantwortung.

Doch wenn das Ich im Einzelmenschen erwacht, wenn sich die Persönlichkeit gefunden und entfaltet hat an dem, was sie sich erarbeitet, dann ist zunächst das Ziel der Entwicklung für unsere Zeit erreicht. Auf einer höheren Stufe wird wieder zur Aufgabe, was auf einer früheren aufgegeben wurde: wie wirkt der einzelne in und für die Gemeinschaft, wie sorgt die Gesellschaft für die Entfaltung der freien Persönlichkeit? Heute, am Ende des 20. Jahrhunderts, kann für die Länder im mittleren Europa gesagt werden: Noch nie in der Geschichte der Menschheit hatte eine so große Zahl von

Menschen in solchem Umfang persönliches Eigentum. Aber die zunehmend materialistische Gesinnung hat dafür gesorgt, daß die Kraft des Strebens nach Erwerb über das Ziel hinausgeschossen ist. Arbeit und Wille sind vorwiegend auf die Schätze des Irdischen gerichtet. Während der theoretische Materialismus sozialistischer Länder durch das Leben widerlegt wurde, breitet sich der praktische Materialismus weiter aus.

Die Väter des deutschen Grundgesetzes sahen dies in den Jahren nach dem furchtbaren Zweiten Weltkrieg voraus und schrieben in die Urkunde: Eigentum verpflichtet. Sie fühlten, daß die Persönlichkeit heute so weit entwickelt ist, daß sie die Verantwortung für das Soziale, für die Gemeinschaft wieder übernehmen kann.

Man schaue sich die Zivilisation an: Was wird für Essen und Trinken, was wird für Kleidung, was wird für das Wohnen ausgegeben und eingesetzt? Dienen nicht die meisten Güter, die in der Weltwirtschaft produziert und gehandelt werden, der Befriedigung der Triebe und der natürlichen Existenz?

Aber so wie die Motte im Kleiderschrank den berechtigten Schrecken der Hausfrau auslöst und der Mann den Rost am samstags geputzten Auto zu entfernen sucht, zeigen alle Güter, die dem natürlichen und zivilisatorischen Leben dienen, ihre Vergänglichkeit. Nicht nur, daß sie selber vergänglich sind. Nein, der Verbraucher und Sammler selbst ist sterblich. Und nichts von allem, was zwischen Geburt und Tod an Eigentum und Besitz erworben werden konnte, kann über die Schwelle des Todes mitgenommen werden.

Der Tod hat keine Taschen. Nackt und bloß werden wir geboren, und ebenso sterben wir. Unvergessen steht mir eine Unternehmergattin vor der Seele, die ich acht Tage vor ihrem Tod besuchte: »Was wird nur mit allem Gold?« Sie hatte, selber kinderlos, Gold gehortet als Teil der Kapitalanlage. Doch an der Schwelle bleibt alles zurück.

Und nicht nur die Vergänglichkeit der Werte wirkt, sondern sie erzeugen auch Angst: Diebe graben nach und stehlen. Die Sorge wächst oft mit dem Besitz. Dann ist Vor-Sorge zu treffen. Versicherungen werden abgeschlossen, damit etwas bleibt, wenn der Diebstahl oder der Verlust eintritt. Zu den bestimmenden Eindrücken meiner Jugendzeit im Krieg gehört das Erlebnis eines Ehepaares vor seinem zerbombten Haus in Dresden und das befreite Aufstöhnen: »Gott sei Dank, diese Sorge sind wir los!« Sie hatten wohl durch Jahre hindurch sich geängstigt und gesorgt, was wohl aus all dem werden würde, was sie besaßen. Das wichtigste hatten sie beim Angriff gerettet: sich selbst und ihr Leben.

Die Bergpredigt weist auf die Vergänglichkeit des Irdischen hin – Motten und Rost – und die Unsicherheit, die durch Diebe entsteht. Letztlich gibt es keine Sicherheit, die sich auf Irdisches gründet. Die Richtung des Strebens soll sich auf das Geistige richten. »Sammelt euch Schätze in den Himmeln!« Nicht nur ist gemeint, neben einem gelebten Materialismus einen bloßen Glauben an den Himmel und an Gott zu bewahren, nein, es geht um eine aktive Tätigkeit, ein Sammeln, ein Vermehren, das Erwerben eines Schatzes, der geistiger Natur ist und der damit unvergänglich bleibt. Was bleibt über die Schwelle des Todes hinaus? Ist der Leib abgelegt und die Sinneswelt verlassen, bleiben der Seele nur jene Werke und Eigenschaften, die selber unvergänglicher Natur sind. Was im Beten des Vater Unsers errungen worden ist, bleibt. Durch Wiederholung und Übung akkumuliert die Substanz des Gebetes, sammelt der Beter einen bleibenden Schatz an, der im Reich der Himmel bewahrt ist. Eine betende Gemeinde, die sich um das Sakrament schart, wird reicher und reicher. Sie konzentriert sich, sie sammelt, sie reichert an, sie bildet einen Schatz im Himmel, der Teil hat an der Ewigkeit. Wer ein Organ dafür entwickelt, wird die geistige Substanz einer Gemeinde, ihren seelischen und geistigen Reichtum erspüren, wenn er sie erlebt. Das Ver-Sammeln um den Altar dient der Sammlung eines unvergänglichen Schatzes.

Der dritte Satz faßt das Ergebnis zusammen: »*Denn wo euer Schatz ist, da ist auch euer Herz.*« Sammeln wir Schätze auf Erden, dann ziehen sie allmählich unser Denken, unser Sinnen und Trachten ganz auf das Diesseitige dieser Welt. Das Empfinden und schließlich das Herz werden in Beschlag genommen. Es hängt an allem, was wir besitzen. Wenden wir uns der geistigen Welt zu, nehmen wir sie in unseren Willen auf, tun wir etwas für sie – sammeln wir –, dann wird auch das Herz durchdrungen und erfüllt von der Gottesnähe. Dann geht im Herzen der Schatz des Himmels auf. So fängt auch die Menschenweihehandlung mit der Nennung des Herzens der Gemeinde und des einzelnen an, des Herzens, das auf Erfüllung hofft durch Christus. Die Menschen- und Seelenkunde der Bergpredigt kennt das menschliche Herz. Und Jesus Christus rät, das Herz der himmlischen Welt zuzuwenden und ihren Reichtum schätzen zu lernen.

Das Auge als Vermittler des Geistigen in der Welt

Das Auge ist des Leibes Leuchte.
Wenn dein Auge lauter ist,
so wird dein ganzer Leib licht sein.
Wenn aber dein Auge böse ist,
so wird dein ganzer Leib finster sein.
Wenn nun das Licht, das in dir ist, Finsternis ist,
wie groß wird dann die Finsternis sein.

(Mt 6,22-23)

Warum folgt nun der Passus über das Auge? Die Frage, wo wir Menschen den Schatz suchen und wohin sich unser Herz wendet, ist eine Frage der Weltanschauung. Wir sehen die Welt. Wie wir aber die Wahrnehmung mit Begriffen durchdringen, hängt von unserer geistigen Aktivität ab. Bleiben wir im Denken passiv, dann wird die Übermacht der Wahrnehmungswelt uns immer stärker auf diese Seite ziehen. Sie bleibt aber dunkel. Gehen wir mit dem inneren Licht, das durch das Denken aufgeht, aktiv um, erhellet sich uns die Welt. Sie wird uns erklärbar, sie wird klarer, heller, lichter. Wir entdecken die geistige Seite der Welt. Das Geistige in der Welt wird uns wichtiger und wichtiger. Das Auge wird zum Vermittler des Geistigen in der Welt. Goethe hat den Zusammenhang von Auge, Licht der Sonne und Gotteskraft dichterisch so ausgesprochen:

Wär' nicht das Auge sonnenhaft,
die Sonne könnt' es nie erblicken;
Läg' nicht in uns Gottes eigne Kraft,
Wie könnt uns Göttliches entzücken?[34]

So führt die Art, wie wir die Welt durch das Auge anschauen und welche Begriffe wir aus der geistigen Welt heraus hinzufügen, zu einer Entscheidung.

Die Gefahr der Versklavung durch den Mammon

Niemand kann zwei Herren dienen:
Entweder er wird den einen hassen
und den anderen lieben,
oder er wird dem einen anhängen
und den anderen verachten.
Ihr könnt nicht Gott dienen und dem Mammon.
(Mt 6,24)

Mammon kommt aus der kanaanäischen Sprache und heißt zunächst nur »Verpflegung«, »Vorrat«, später wird er zum Götzen, der das Geld bezeichnet, das Geld aber in einer Geistigkeit, die nach der Seele des Menschen greift. Geld übt ja tatsächlich neben seiner Funktion im wirtschaftlichen und finanziellen Kreislauf eine bis zum Magischen gehende Wirkung auf Menschen aus. Je schwächer die Seele, desto stärker die Wirkung. Wer frei und souverän mit Geld umgeht und im Bewußtsein hat, daß er über geronnene Arbeitskraft verfügt, wenn er Geld ausgibt, dessen Seele kann auch frei sein für Gott. Aber wiederum zielt die Bergpredigt auf eine Lebensentscheidung: Wer dem Mammon dient, lebt in der Gefahr, versklavt zu werden. Und tatsächlich: wer in die Metropolen der westlichen Welt reist, stellt fest, daß die Banken längst die Kirchen und Kathedralen überholt haben. Sie sind wie griechische Tempel oder Wolkenkratzer gebaut, die bis in den Himmel reichen wollen. Sie sind die geheimen Tempel des 20. Jahrhunderts geworden. In Sao Paulo, Buenos Aires, Frankfurt oder New York nehmen sich die Kirchen wie architektonische Antiquitäten neben dem Glanz und der selbstbewußten Pracht der Banken aus. Gewiß, Banken sind notwendige Zentralen des Geldverkehrs. Aber müssen sie Tempel sein? Müssen sie bekunden, daß auch sie davon wissen, daß viele Menschen längst ein quasi religiöses Verhältnis zum Geld haben: Sie streben damit Sicherheit, Lebensgrundlagen, Unsterblichkeit an. Das Geld ist zum Götzen Mammon geworden, der die Seelen beherrscht. Und wer in der konkreten Entscheidungssituation steht, sich zwischen Geist oder Geld entscheiden zu müssen, kennt aus Erfahrung, daß der Geldschein zwar Papier, die Geldwirklichkeit aber Mammon sein kann.

Die Sorge um das tägliche Leben und das Vertrauen auf den Geist

Darum sage ich euch:
Sorget nicht um euer Leben,
was ihr essen und trinken werdet;
auch nicht um euren Leib,
was ihr anziehen werdet.
Ist nicht das Leben mehr als die Speise
und der Leib mehr als die Kleidung?
Sehet die Vögel unter dem Himmel an:
Sie säen nicht, sie ernten nicht,
sie sammeln nicht in die Scheunen;
und euer himmlischer Vater nährt sie doch.
Seid ihr denn nicht viel mehr als sie?
Wer ist unter euch,
der seines Lebens Länge eine Spanne
zusetzen kann,
ob er gleich darum sorget?
Und warum sorget ihr für die Kleidung?
Schauet die Lilien auf dem Feld, wie sie wachsen:
sie arbeiten nicht, auch spinnen sie nicht.
Ich sage euch, daß auch Salomo
in all seiner Herrlichkeit
nicht bekleidet gewesen ist wie derselben eine.
So denn Gott das Gras auf dem Felde also kleidet,
das doch heute steht und morgen in den Ofen
geworfen wird:

Sollte er das nicht viel mehr euch tun,
oh ihr Kleingläubigen?
Darum sollt ihr nicht sorgen und sagen:
Was werden wir essen? Was werden wir trinken?
Womit werden wir uns kleiden?
Nach solchem allen trachten die Heiden.
Denn euer himmlischer Vater weiß,
daß ihr des alles bedürft.
Trachtet am ersten nach dem Reich Gottes
und nach seiner Gerechtigkeit,
so wird euch solches alles zufallen.
Darum sorget nicht für den anderen Morgen,
denn der morgige Tag wird für das Seine sorgen.
Es ist genug, daß ein jeglicher Tag seine eigene Plage habe.

(*Mt* 6,25-34)

Diese Worte Jesu Christi sind poetisch und bildreich. Ihr Thema ist die Sorge um das leibliche Wohl, die Sorge um die irdische Existenz. Der Zeitgenosse wird sich schwer tun, dem Inhalt trotz seiner bildhaften Schönheit zuzustimmen. Tut nicht eine Mutter eine edle Arbeit, wenn sie sich um Kleidung und Nahrung für ihre Kinder sorgt? Ist es nicht für Kindheit und Jugend charakteristisch, daß Kinder sorglos aufwachsen dürfen, weil sich andere um sie sorgen? Kann der Mensch wirklich verglichen werden mit den Vögeln unter dem Himmel? Stimmt der Vergleich mit der Kleidung und dem herrlichen Gewand einer Lilie auf dem Feld? Vielleicht ist es bei diesem Teil der Rede gut, den Schluß vorwegzunehmen: »Trachtet zuerst nach dem

Reich Gottes und seiner Gerechtigkeit, so wird euch solches alles zufallen.« Ist das Streben und Arbeiten auf geistige Ziele gerichtet, dann darf aus einem Grundvertrauen darauf gebaut werden, daß einem das Lebensnotwendige zukommt. Der Blick in die Natur, zu Vögeln, Lilien und dem Gras soll ja bewußt machen, wie die Welt weisheitsvoll geordnet ist und alles aus einem tiefen Sinn aufeinander bezogen ist. Eignet sich der Mensch diese Gottesweisheit an – Paulus nannte sie die Theo-Sophie – dann wird ihm auch die Nahrung und Kleidung zukommen, die er braucht. Wer aber seine Sorge ausschließlich oder vorwiegend auf alles richtet, was er zum äußeren Leben braucht, der wird das Reich des Geistes aus dem Auge verlieren. Selbst wenn er sich sagt: bis zum Rentenalter will ich durch meine Arbeit alle Sicherungen des Lebens schaffen, dann habe ich Zeit für das Wesentliche! Aber weiß er denn, wie lange er lebt und in welcher bewußtseinsmäßigen Verfassung er dann ist?

Ich möchte ein Beispiel aus der Christengemeinschaft anführen: Die Gründer gaben bei der Gründung 1922 ihre Berufe, ihre Karrieren, ihre Stellungen auf. Gemeinsam mit ihren Frauen und Familien entschieden sie sich, zuerst und vor allem das Gottesreich in Gestalt der neuen Sakramente und der neuen Verkündigung in freien Gemeinden zum Leben zu erwecken. Sie lebten aus dem Nichts. Ohne jede Sicherung der äußeren Zukunft lebten sie ein tiefes Vertrauen, daß die Gründung in der geistigen Welt gewollt ist und unter den Menschen auf Erden zu verwirklichen ist. Die Begeisterung und das Vertrauen in die göttliche

Führung waren so stark, daß ihnen – wenn auch in äußerster Beschränkung – das Lebensnotwendige zukam. Entsprechendes könnte von den ersten Waldorfschulen, den heilpädagogischen Heimen, den biologisch-dynamisch arbeitenden Landwirten geschildert werden. So wie bei den neun Seligpreisungen von Jesus Christus die Gegenwartsform gewählt wird – selig *sind* – so ist auch dieser Teil der Bergpredigt nicht Utopie, sondern für eine Reihe von Zeitgenossen des 20. Jahrhunderts gelebte Wirklichkeit. Die entscheidenden Sorgen lagen und liegen in der Frage, ob die Wirklichkeit des Reiches Gottes genügend gefühlt, erbeten, erschaut und gedacht wird, nicht primär in der Sorge um das tägliche Leben. Damit ändert sich allmählich die Richtung und die Qualität des Willens. Er setzt sich geistige Ziele. Er sucht die Erhellung und Durchleuchtung für das Tun. Er verbindet sich der Gottesweisheit. Hatte die Bitte des Vater Unsers ausgesprochen, daß der Wille Gottes nicht nur in den Himmeln, sondern unter uns Menschen auf Erden geschehen möge, dann wird in dieser neunten Stufe der neuen Weisungen der Wille des Menschen angeregt, impulsiert und begründet, der sich dem göttlichen Willen zu verbinden sucht und der Weisheit in sich aufnimmt.

Die Wandlung des Denkens

Richtet nicht,
auf daß ihr nicht gerichtet werdet.
Denn mit welcherlei Gericht ihr richtet,
werdet ihr gerichtet werden.
Und mit welcherlei Maß ihr messet,
wird euch gemessen werden.
Was siehst du aber den Splitter
in deines Bruders Auge
und wirst nicht gewahr des Balkens
in deinem Auge?
Oder wie darfst du sagen zu deinem Bruder:
Halt, ich will dir den Splitter
aus deinem Auge ziehen?
Und siehe, ein Balken ist in deinem Auge.
Du Heuchler, zieh zuerst den Balken
aus deinem Auge;
danach sieh zu, wie du den Splitter
aus deines Bruders Auge ziehst.

Ihr sollt das Heilige nicht den Hunden geben,
und eure Perlen sollt ihr nicht vor die Säue werfen,
auf daß sie dieselben nicht zertreten
mit ihren Füßen
und sich wenden und euch zerreißen.

Bittet, so wird euch gegeben,
suchet, so werdet ihr finden,
klopfet an, so wird euch aufgetan.
Denn wer da bittet, der empfängt,
und wer da suchet, der findet,
und wer da anklopft, dem wird aufgetan.

Welcher ist unter euch Menschen,
so ihn sein Sohn bittet ums Brot,
der ihm einen Stein biete?
Oder, so er ihn bittet um einen Fisch,
der ihm eine Schlange biete?
So nun ihr, die ihr doch arg seid,
dennoch euren Kindern
gute Gaben geben könnt,
wieviel mehr wird euer Vater im Himmel
Gutes geben denen, die ihn bitten.

Alles nun, was ihr wollt,
daß euch die Leute tun sollen,
das tut ihnen auch.
Das ist das Gesetz und die Propheten.

(Mt 7,1-12)

Nach der Wandlung des Willens, die in der neunten Stufe angestrebt und beschrieben wird, folgt die Wandlung des Denkens. Mit dieser zehnten und letzten Weisung wird das Ziel des bisherigen Weges erreicht.

Dem Menschen ist die Gabe des Denkens zu eigen. Gemeinsam mit der Gabe der Sprache zeichnet sie ihn aus und erhebt ihn über die Stufe des Tieres. Spätestens im Alter der Erdenreife macht sich die Fähigkeit dieses Denkens geltend. Sie ist mit dem Heranwachsen und der leiblichen Grundlage des Gehirns verbunden. Gerade im ersten Auftreten ist zu beobachten, wie die Urteile scharf, kritisch und richtend sind. Freudig spielt der Jugendliche mit der neuen Fähigkeit. In seiner zunächst gegebenen Form, passiv, ist das Denken eine richtende Urteilskraft. Es stellt fest, was ist. Es beurteilt einen Zustand. Damit faßt und begreift es das Gewordene.

Jesus Christus weist auf die Problematik dieses Denkens hin. Wir könnten auch sagen: Der Logos schaut auf die Logik. Wer richtend urteilt, muß damit rechnen, selbst beurteilt zu werden. Das Maß, das er an andere anlegt, wird auch an ihn angelegt werden. Wenn es ein göttliches Urteil gibt, wenn das Auge Gottes auf der Beziehung der Menschen zueinander ruht, dann zieht der scharfe und kritische Richter sich selber das entsprechende Urteil der Weltgerechtigkeit zu. Man beobachte im Gespräch die Urteile, die über einen Abwesenden gefällt werden! Wie bei einem Leuchtfeuer blitzt ein Strahl nach dem anderen auf und trifft auf eine Eigenschaft oder einen Zug des anderen und taucht ihn in das gleißende Licht der Urteilskraft. Doch gilt das friesische Sprichwort: »Am Fuß des Leuchtturms ist es dunkel.« Die eigene Fähigkeit des richtenden Urteils auf andere anzuwenden ist leicht. Viel schwerer ist es, die Zurückhaltung dem anderen gegenüber zu üben und die gleiche Fähigkeit sich selbst gegenüber anzuwenden. Wer sucht schon den Balken im eigenen Auge, wenn es leichter ist, den

Splitter beim anderen zu sehen? Selbsterkenntnis ist die Voraussetzung, anderen durch lebendige Urteile zu helfen.

Dabei ist die kritische Urteilskraft noch durch einen Wesenszug charakterisiert, den als erster Goethe bewußt beschrieb. Der Verstand erfaßt das Gewordene. Er vermag zu sehen, was ist und vielleicht auch, wie es geworden ist. Er vermag nicht, das Werdende zu erfassen. Lebendiges und Werdendes verschließen sich dem kritischen Verstand. Goethe schrieb 1820 im Rahmen seiner naturwissenschaftlichen Schriften den kurzen, aber bedeutsamen Aufsatz »Anschauende Urteilskraft«. Kant hatte das Denken auf eine »reflektierende diskursive Urteilskraft« beschränkt. Doch wies er bereits auf die Möglichkeit eines Verstandes hin, der, »weil er nicht wie der unsrige diskursiv, sondern intuitiv ist, vom synthetisch Allgemeinen, der Anschauung eines Ganzen als eines solchen, zum Besonderen geht, das ist, von dem Ganzen zu den Teilen.«

Kant nannte diese Fähigkeit den »intellectus archetypus«. In der Freude über diesen Gesichtspunkt der Philosophie Kants fährt Goethe in dem Aufsatz fort:

»Zwar scheint der Verfasser hier auf einen göttlichen Verstand zu deuten, allein wenn wir ja im Sittlichen durch Glauben an Gott, Tugend und Unsterblichkeit uns in eine obere Region erheben und an das erste Wesen annähern sollen, so dürfte es wohl im Intellektuellen derselbe Fall sein, daß wir uns durch das Anschauen einer immer schaffenden Natur zur geistigen Teilnahme an ihren Produktionen würdig machten.«

Ein Erheben in eine »obere Region« und ein Annähern an das erste Wesen erweitert und vertieft die Qualität des Denkens. Mit der anschauenden Urteilskraft finden auch Erkenntnis und Glaube, Denken und Moralität wieder zusammen. Das Beobachten der lebendigen Natur und des Menschen wird dabei unter Zurückhalten jedes theoretischen oder hypothetischen raschen Denkens so intensiv geübt, daß die Urteile aus der Anschauung selbst hervorgehen. Sie werden gleichsam abgelesen. Ursprünglich heißt ja das Wort »Idee« auch »das Geschaute«. Damit wird das Denken in seiner aktiven Form zum Instrument, die Ideen und Urteile aus der Schöpfungswelt abzulesen. Paulus beschreibt diesen Vorgang in seinem Römerbrief (1,19): »Denn was man von Gott erkennen kann, ist unter ihnen offenbar; Gott hat es ihnen offenbart. Denn Gottes unsichtbares Wesen, das ist seine ewige Kraft und Gottheit, wird ersehen seit der Schöpfung der Welt und wahrgenommen an seinen Werken ...«

Wird das unsichtbare Wesen an einer lebendigen Pflanze gesucht, dann begleiten das Beobachten und die geistige Aufmerksamkeit die Entwicklung und das Werden, und sie suchen im Bewußtsein zu fassen, wie die Schritte der Evolution verlaufen, wie sich das unsichtbare Lebe-Wesen in der sinnlichen Erscheinung zeigt.

Für das soziale Feld der menschlichen Beziehungen gilt es, nicht nur den gewordenen Menschen zu sehen und kritisch mit dem Verstand festzustellen, wie er ist, sondern auch auf sein Werden und damit auf seine mögliche Zukunft zu blicken.

Friedrich Hebbel (1813-1863) hat in seinem Gedicht: »Höchstes Gebot« auf das Menschenbild gewiesen, dem alle Zukunft offensteht und dessen Entwicklung gerade davon abhängen kann, wie wir den anderen anschauen und von ihm denken:

Hab' Achtung vor dem Menschenbild,
Und denke, daß, wie auch verborgen,
Darin für irgend einen Morgen
Der Keim zu allem Höchsten schwillt!

Hab Achtung vor dem Menschenbild,
Und denke, daß, wie tief er stecke,
Ein Hauch des Lebens, der ihn wecke,
Vielleicht aus deiner Seele quillt.

Hab' Achtung vor dem Menschenbild!
Die Ewigkeit hat eine Stunde,
Wo jegliches dir eine Wunde,
und, wenn nicht die, ein Sehnen stillt!

Dreimal hebt jeder Vierzeiler mit der Aufforderung an, Achtung vor dem Menschenbild zu haben. Ihm liegt das Ebenbild Gottes, wenn auch tief verborgen, zugrunde. Du kannst denken, daß verborgen und unsichtbar im gewordenen Menschen ein Keim ruht, der schwellen, wachsen kann. Vielleicht kommt es gerade auf den Hauch des Lebens an, der aus deiner Seele quellen kann und der diese schlafende Möglichkeit weckt.

Die Bergpredigt schaut zunächst auf die richtende und damit auch ertötende Seite der menschlichen Beziehungen hin. Aber das Heilige soll nicht den Hunden gegeben werden. Im Griechischen ist *kyon* der Hund. Dieses Wort liegt unserem Wort »zynisch« bzw. »Zynismus« zugrunde. Zynismus ist »das Hündische«. Der Zyniker denkt hündisch. Überall da, wo die Heiligkeit des Menschenbildes erscheint, wo sie gesucht und gepflegt wird, wird man mit dem Zynischen rechnen müssen. Der Zyniker hält das Heilige nicht aus. So soll das Heilige geübt, gepflegt, geachtet werden, aber mit Wachsamkeit vor allem, was »hündisch« ist in der Welt. Die Selbsterkenntnis, die den Balken im eigenen Auge sucht, wird in sich selbst zwei Gegner entdecken:

1. Den Zynismus und damit ein kritisches, richtendes Denken, das verdunkelt ist von hassendem Wollen. Letztlich ist es Feindschaft gegen den Geist.
2. Das Unreine – das »schweinische« Denken, das von unsauberen Gefühlen getrübt und verdüstert ist.

Auch hier lehrt die Erfahrung dieses Jahrhunderts mit Armeen und Gefangenschaft und damit der unnatürlichen Einseitigkeit einer bloßen Männergesellschaft, wie gefährdet die Reinheit des Denkens und der Empfindungen durch das Säuische ist!

Die Perle entsteht aus überwundenem Schmerz. Das Muscheltier wird durch ein Sandkorn oder ähnliches, das durch den Spalt der Schalen eindringt, verletzt. Nach der Verwundung sondert es die Substanz der späteren Perle ab und hüllt das Verletzende ein, bis das Wunderwerk einer Perle geschaffen ist. Das Menschen-Ich ist mit seinem ganzen Schicksal und allem Schweren und Schönen, das in ihm zusammengefaßt ist, wie eine Perle – kostbar und einmalig. Und gerade die Reife und Substanz eines Menschen ist oft nichts anderes als verwandelter Schmerz. Entsagung, Verzichte, Verwundungen, Schuld, Sünden haben uns getroffen. Auch wenn die Schale nach außen hart ist, die Seele ist weich. Wie gehen wir damit um? Gelingt es, die Erfahrung als kostbares Gut durch die Zuwendung zum Reich der Himmel Jahr für Jahr zu bergen und schließlich zu verwandeln? Und was einmalig und kostbar am Menschen ist, bedarf des Schutzes. Säue zertreten und zerreißen es.

Wie soll aber dann, wie kann das Denken beschaffen sein, wenn es die Doppelgefahr des Zynismus und des Schweinischen bestehen lernt und das Heilige wie die Perle des rein Menschlichen achtet?

Der Richter über andere in uns, das unreine Verhaftetsein an das Sinnliche, beides kann überwunden werden. Das Denken, das wir zunächst in uns vorfinden und gebrauchen, verwandelt sich allmählich und nimmt einen religiösen Charakter an.

Eduard Lenz formuliert: »Es wird wie eine Bitte, daß die Wahrheit in die Gedanken eintreten möge. Es wird wie ein suchendes Greifen nach Erkenntnis. Es wird wie ein Anklopfen am Tor der Weisheit. Bittet, suchet, klopfet an!«[35]

Die dreifache Charakteristik des aktiven Tuns des Menschen – zu bitten, zu suchen, anzuklopfen – wird mit der Verheißung verbunden, daß durch Gnade gegeben, daß dank der Gnade gefunden wird und daß das bisher Verschlossene aufgetan wird.

Im Johannes-Evangelium sagt Jesus Christus von sich selbst: »Ich bin die Tür.« (Joh 10,9) Wer anklopft, dem wird aufgetan. Wer Christus bittet, wer ihn sucht, und wer mit seiner Hand und seinen »Handlungen« anklopft, dem erschließt er sich. Das Reich der Himmel liegt offen vor ihm. Als Bittender und Suchender kann er die Schwelle zur geistigen Welt überschreiten, weil Christus selber der Zugang und die Tür ist.

Damit hat Jesus Christus nach der Stiftung des Vater Unsers und der vorherigen Anweisung, wie das Gebet geübt werden kann, hier ein zweites Mal in einen Dreiklang das Wesen des Betens zusammengefaßt. Das Bitten, Suchen und Klopfen des Menschen und das Geben durch Gnade, das Sich-Findenlassen und das Öffnen des verschlossenen Erfahrungsraumes klingen zusammen.

Das Beten und Denken erreicht den Geist der Welt. Eine Kommunion schenkt sich. Brot und Fisch (Mt 7,9) sind die Gaben, die sich dem Bittenden schenken. Brot und Fisch sind Bilder Christi selbst. Das Brot als Nahrung des Lebens führt zur Selbstaussage Jesu: »Ich bin das Brot des Lebens« (Joh. 6, 35), und der Fisch wurde zum geheimen Erkennungszeichen Christi. Die griechische Buchstabenfolge für Fisch »Ichthys« bestätigte dieses Lebenszeichen. Man erkannte in den Buchstaben die Anfangslettern der Worte *Jesous Christos Theou Hyios Soter*: Jesus, Christus, Gottes Sohn, Erlöser. Folgerichtig wurde auch das Taufbad *piscina* = Fischteich genannt. Die Taufe führte durch Tauchen ins Wasser zu Christus.

Die wunderbare Vermehrung von fünf Broten und zwei Fischen in der Speisung der Fünftausend ist ja auch – im Zeichen von Brot und Fisch – Teil des Mysteriums des Mahles und Vorbild des Altarsakramentes. (Mt 6,35-44)

Rudolf Steiner spricht in seiner Erkenntnistheorie

folgendes als Ergebnis der Betrachtung von Wahrnehmung und Denken an und charakterisiert es im Anschluß an die Erkenntnisart Goethes in seinen Beiträgen als Herausgeber der naturwissenschaftlichen Schriften zusammengefaßt so: »Das Gewahrwerden der Idee in der Wirklichkeit ist die wahre Kommunion des Menschen.«[36]

Wird die Idee wahr-genommen, also nicht nur vom Verstand ausgedacht, sondern durch die Vernunft vernommen und wahrgenommen – heißt doch Vernunft »das Vernommene« –, so hat das Bitten und Suchen des Reiches des Geistes Erfüllungscharakter bekommen. Der Geist des Menschen verbindet sich mit dem Geist der Welt. Aus einem Erkenntnisvorgang ist ein religiöser Akt geworden.

Kinder sind Boten der himmlischen Welt. Sie verändern die Erwachsenen. Wir gehören als Erwachsene zunächst dem Geschlecht an, das Jesus Christus in seiner Realität als »böse« bezeichnet. (Mt 7,11) Selbst der härteste Vater wird weicher, wenn sein Kind bittet. So gibt der Vater in den Himmeln den Menschen, die sich durch Bitten, Suchen und Klopfen auf die Tür zubewegen, Gutes.

Der ganze Teil, der zur Wandlung des Denkens in der Bergpredigt ausgeführt wird, mündet in die goldene Regel:

Alles nun, was ihr wollt,
daß euch die Leute tun sollen,
das tut ihnen auch.

(Mt 7,12)

In ihr ist der Sinn des Gesetzes und der Propheten erfüllt. Erkenntnis und Moral haben sich durchdrungen. Das richtende und kritische Denken, das oft noch ohne jede Ethik verläuft, mündet in das *betende Denken* ein, das zugleich das *ethisch motivierte Handeln* zeitigt. Die ganze Bergpredigt ist in diesem Satz zusammengefaßt. Natürlich gibt es diese Regel auch in anderen Religionen: Im Buddhismus und Hinduismus, im Islam und im Konfuzianismus, doch der Weg, wie der einzelne befähigt wird, das auch zu tun, wird nirgends so gezeigt.

Die goldene Regel ist volkstümlich geworden. Das Schulkind kennt bereits das deutsche Sprichwort: »Was du nicht willst, das man dir tu', das füg' auch keinem andern zu.« Legen wir den Maßstab dieser goldenen Regel im Alltag oder in der Politik, das heißt im Verhalten der Völker zueinander, an, dann fällt ein deutliches Licht auf unser Handeln: Wie sieht die Erziehung von Kindern aus? Wie verhalten sich Eheleute zueinander? Wie verläuft der Handel in der Wirtschaft? Wie machen Menschen Politik, die sich Christen nennen? Waren nicht 1933 über 90% des deutschen Volkes Konfessionschristen? Und wie ist es heute?

Das grandiose Element für die Moral liegt darinn, daß der Mensch selbst mit seinem Willen, seinem Herz, seinen Gedanken der Ausgangspunkt wird. Was empfinde ich als richtig? Was sagt mein menschliches Empfinden? Wie spricht mein Gewissen? »Der Mensch ist dann das letzte Bestimmende seiner Handlung. Er ist frei.« Mit diesen zwei Sätzen endet die Philosophie der Freiheit Rudolf Steiners, die er 1894 in Berlin veröffentlichte.[37] Der Mensch handelt frei, weil er die ideelle Bestimmung seines Antriebes aus dem Reich der Himmel bezieht: Taucht der einzelne ganz ein in die Tiefe seines Selbst und ist er in Harmonie mit sich selbst, dann wird er keinem anderen tun, was er nicht selber erfahren will. Frage dich selbst, was du für dich möchtest, und das nimm dann zum leitenden Maßstab dessen, was du dem anderen tust und antust. Die Liebe zu sich selbst und die Liebe zum anderen, ob Nächster oder Fernster, wird zum Maßstab des Handelns. Franz Alt sieht in ihr »die Basis einer neuen weltweiten Verantwortung, die im Atomzeitalter jeder von uns hat.«[38]

Die enge Pforte

Gehet ein durch die enge Pforte,
Denn die Pforte ist weit, und der Weg ist breit,
der ins Verderben führt,
und ihrer sind viele, die darauf wandeln.
Und die Pforte ist eng, und der Weg ist schmal,
der zum Leben führt,
und wenige sind ihrer, die ihn finden.

(*Mt* 7,13;14)

Die »enge Pforte« ist in der Geistes- und Religionsgeschichte ein uraltes und neues Bild für den Zugang zu Gott. Im alten China standen Himmelstore in der freien Landschaft. Vor den Tempeln Ägyptens ragen riesige Mauern – Pylone – auf, die erst unten in der Mitte eine enge Pforte als Zugang zum Heiligtum freigeben. Wer sich auf die Pforte zubewegte, dessen Weg wurde auf beiden Seiten von Sphinxen gesäumt: Tierwesen mit Menschenantlitz. Der Weg zum Menschen, der Weg zur Menschwerdung führte am Rätsel der Sphinx vorbei, die Tierisches, Menschliches und Himmlisches (Flügel) in sich vereint.

Der Tempel in Jerusalem hatte seine Pforte zwischen den beiden bronzenen Säulen Jakin (Gott gründet, läßt feststehen, er wird aufstellen) und Boas (in ihm ist Stärke, Lebensfülle). Wer auf die Pforte zugeht, der soll eine letzte Stärke und Aufrichtekraft an den Säulen erleben: das Menschen-Ich erhebt sich über die Stufe des Tierseins und schreitet auf die Pforte zum Heiligtum zu. Im Innern des Tempels vermag sich Gott dem Menschen, der Mensch Gott zu verbinden. Beim jüdischen Tempel Salomos betet noch der Hohepriester für die zwölf Stämme des Volkes Israel. Die Seele des Volkes und der Geist des Stammes geht der einzelnen Person, dem Ich, noch voran.

Im christlichen Sakralbau spielt die Pforte eine große und bedeutungsvolle Rolle. Der Weg auf eine Kirche zu führt oft vor eine kleine Tür, die inmitten eines großen Portals der Seele die ganze Heilsgeschichte vor Augen führt. Der Werdegang der Menschheit von der Erschaffung des Menschen im Paradies über den Sündenfall bis zur Erlösungstat Jesu Christi wurde dem Gehenden plastisch vor Augen gestellt. Er bereitete sich auf diesem Wege auf das Durchschreiten der Pforte, die ihn zur Gegenwart Gottes, zum Sakrament, zur Kommunion führt, vor.

Die weite Pforte und der breite Weg, den die vielen gehen, wird der engen Pforte und dem schmalen Weg, den wenige gehen werden, gegenübergestellt. »Wer sucht, der findet«, wird kurz vorher gesagt. Wer findet, der findet den schmalen Weg durch die enge Pforte, der zum Leben führt – zum Leben in seiner Ganzheit. Unser Lebensweg führt zur Pforte des Todes. Und wir sind gehalten, selber zu entscheiden, wie der Weg des Lebens geht. Können wir denken, daß der Tod nicht Ende ist, wie dies Sartre lehrte, sondern Tür, Pforte zu einer verwandelten Existenzform, die Leben heißt?

Und ist das, was sich im Weiheraum einer christlichen Kirche ereignet, ideologischer Überbau zum materiellen Leben, sonntägliche fromme Zutat zu einer materialistischen Lebenspraxis, oder lernen wir da *das* Leben kennen und erfahren? Schließt nicht das Leben vor und mit Gott das natürliche Leben, den Tod in sich mit ein, und vereint es nicht alle Seiten des Lebens?

Wer das Reich der Himmel im Ich sucht und die Seligkeit dadurch erfährt, wer sich aus der Menge und den vielen herauslöst im Suchen und Finden des schmalen Weges, der muß zunächst das Alleinsein und die freiwillig gesuchte Einsamkeit bejahen. »Die zur Wahrheit wandern, wandern allein, keiner kann dem andern Wegbruder sein«, sagt Christian Morgenstern in einem seiner Gedichte.[39] Er wird auf sich nehmen müssen, was die frühen Christen beim Gang in die Katakomben erlebten: das Leben der vielen brauste und brodelte in Rom, bereits dem Untergang geweiht. Das Leben der wenigen entfaltete sich nach schmalen unterirdischen Zugängen an den Gräbern der Vorangegangenen. Aber aus ihrem Beten ging eine neue christliche Welt auf. Wir könnten für unsere Gegenwart sagen: lebendiges Christentum und Leben aus dem Geist der Bergpredigt heraus darf nicht erhoffen, breit und öffentlich anerkannt zu werden. Wer den Zugang dazu sucht, entscheidet sich für einen schmalen Weg und den Glauben an die Kraft des einzelnen und kleiner Gemeinden. Der einzelne, der den Zugang zu Gott erbittet, sucht und stetig an die Tür anklopft durch sein Gebet, der schafft ein kleines gesundendes und heilendes Zentrum, das die Welt verändert.

Bekennen und Erkanntwerden im Lichte der Wiederkunft Christi

Nicht jeder, der zu mir sagt, Herr, Herr,
wird in das Königreich der Himmel kommen,
sondern nur die den Willen meines Vaters in den Himmeln tun.
Viele werden an jenem Tage zu mir sagen:
Herr, Herr, haben wir nicht in deinem Namen geweissagt?
Und haben wir nicht in deinem Namen Dämonen ausgetrieben?
Haben wir nicht in deinem Namen manche Geistestat getan?
Doch dann werde ich Ihnen bekennen:
Ich habe euch nie gekannt.
Weichet von mir, ihr Täter der Gesetzlosigkeit!
(Mt 7,21-23)

Das Problem der falschen Propheten vor dem Zugang zur engen Pforte steigert sich noch einmal. Es geht nun um den Namen Jesu Christi selbst. Das bloße Nennen des Namens »Herr«, sogar in der Verdopplung, das Lippenbekenntnis allein wird als ungenügend charakterisiert. Wenn Christus schon die Bitte des Vaters ausspricht, der Wille des Vatergottes möge auch auf Erden geschehen, so sagt dies ja aus, daß er nur durch Menschen geschehen kann. Religionsübung ist eine

Sache des Willens. Wer betet, wendet den Willen zu Gott. Wer in und mit der Gemeinde betet, wendet den Willen von seiner Orientierung nach außen zu Gott nach oben hin. Er sucht das Königreich der Himmel auf, in dem der Vater wohnt, um aus ihm heraus den Willen auf Erden zu verwirklichen.

Wieder werden die »vielen« genannt. Wir trafen sie schon auf dem breiten, abwärtsführenden Wege. Nun sind es die vielen, die wohl den Herrn nennen, die sich selbst wohl auch als gottgläubig oder gar christlich bezeichnen würden, die Jesus Christus als den Herrn sehen und bekennen. Sie werden möglicherweise auf ihre Schauungen und Prophetien verweisen; sie werden als Zeugen des »Neuen Zeitalters« auf ihre Sitzungen, Workshops, Heilungen deuten; sie werden auf das Spirituelle, auf die Energien, auf die Kraftwirkungen ihres Tuns weisen, bei denen auch Jesus genannt wird. Wenn aber der Christus selbst erscheint, dann erweist sich das Menschen-Ich in seiner Christlichkeit oder in seinem chaotischen und nicht vollbewußten Tun. Das Menschen-Ich, als Bürger im Reiche der Himmel, und Christus können einander ganz nahe und innig vertraut sein. Es kann sich aber auch die ganze Welt der Illusion und Täuschung dazwischenschieben und der Zeitgenosse einem Scheinlicht verfallen, das er zwar als »christlich« benennt, das aber trügt und in die Irre führt. Die Fruchtbarkeit im Leben ist ein Symptom für die Wahrhaftigkeit. Der Name als Ausdruck des Wesens Christi verbindet die Seele mit seinem Geiste. Christus kann nur die kennen, die sich zu ihm bekennen und die Taten wie das Handeln am göttlichen Willen ausrichten.

Zu den Tatsachen des Christentums gehört die Anschauung von der Inkarnation Jesu Christi im Leibe als Sohn der Maria und des Joseph und sein ganzes Leben bis zur Vollendung am Kreuz. Von der Auferstehung an führt über Himmelfahrt und Pfingsten der Weg des Auferstandenen zunächst bis zur Parusie, der Wiederkunft, von der Matthäus im 24. Kapitel, Markus im 13. Kapitel und Lukas im 21. Kapitel ihrer Evangelien sprechen.[40] Das deutsche Wort »Wiederkunft« ist insofern nicht genau, als es davon ausgeht, daß Christus nicht da ist und wiederkommt. Gilt aber das letzte Wort des Matthäus-Evangeliums: »Und siehe, ich bin bei euch alle Tage bis an der Welt Ende« (28,20), dann ist Christus zwar immer gegenwärtig, erreicht aber in seiner Parusie eine verdichtete, erhöhte Form seiner Gegenwart. Nicht, daß er noch einmal in seinen Leib käme. Die Inkarnation ist einmalig. Er kommt »in der Wolke« (24,30).

Im Altarsakrament geht das Aufsteigen und Erscheinen der Wolke des Weihrauchs der Gegenwart Christi in der Wandlung voraus. Das lebendige Lebensreich mit seinen ständigen Wandlungen, wie sie in einer Wolke am Himmel sichtbar werden, ist das Reich seiner *parusia*, seiner höheren Gegenwart. Zu ihr gehört, daß sich die Seele des Menschen, wie es die Bergpredigt lehrt, auf den schmalen Weg macht und den Berg der Offenbarung aufsucht und sein waches Bewußtsein mitnimmt und verwandelt. Christus erwartet und erschaut das zum geistigen Leben erwachte Ich des Menschen, das ihm bewußt – in seinem Namen – naht und ihn anruft und schließlich die Vereinigung, die Kommunion sucht.

Das Bekenntnis des Menschen zu Christus und das Bekenntnis Christi zum Menschen erwächst aus einem tiefen Kennen, schließt das Erkennen ein und ruft schließlich zum Be-Kennen. Am Ende des 20. Jahrhunderts reicht das Bekenntnis zu dem Jesus Christus vor zweitausend Jahren allein nicht aus. Als Bekenntnis zum lebendigen und gegenwärtigen Christus »alle Tage« wird es seine Kraft und seinen Willen aus der Bergpredigt wie der Ganzheit der Evangelien empfangen.

Auch die Gemeinden, die gemeinsam das Leben durch das Sakrament der Menschenweihehandlung suchen, stehen in ihrem Umfeld ziemlich allein da. Auch nach Jahrzehnten intensiven Betens, Suchens und sonntäglichen Anklopfens sind sie kaum bekannt. Sie bilden eine verschwindende Minderheit im Vergleich zu der Größe der zwar abnehmenden Volkskirchen und der Vielzahl von anderen Glaubensgemeinschaften. Der Weg, der letztlich Christus selber ist – »Ich bin der Weg« – ist schmal, weil er durch das Innerste der menschlichen Person und von Religionsgemeinschaften führt und auf die wenigen zielt. Jeder geht ihn allein.

An der Schwelle tauchen noch einmal ernste und schwere Gefährdungen auf. Kurz vor dem Ziel oder im Durchschreiten der engen Pforte versuchen die Widersacher des Menschen, ihn vom rechten Weg abzubringen oder ihn straucheln zu lassen.

An ihren Früchten sollt ihr sie erkennen

Sehet euch vor vor den falschen Propheten,
die in Schafskleidern zu euch kommen,
inwendig aber sind sie reißende Wölfe.
An ihren Früchten sollt ihr sie erkennen.
Kann man auch Trauben lesen von den Dornen
oder Feigen von den Disteln?
So doch: jeder gute Baum bringt gute Früchte,
aber ein fauler Baum bringt schlechte Früchte.
Ein guter Baum kann nicht
schlechte Früchte bringen,
und ein fauler Baum kann keine
guten Früchte tragen.
Jeder Baum, der nicht gute Früchte trägt,
wird abgehauen und ins Feuer geworfen.
Darum: an ihren Früchten sollt ihr sie erkennen.

(Mt 7,15-20)

Die Seele wird an der Pforte in ihrem Ringen von falschen Propheten bedroht. Nach außen treten sie friedlich auf, nach innen sind sie wie reißende Wölfe. Wie sind sie zu erkennen? Wie sind sie zu durchschauen? Woher weiß ich, ob ich es mit einem Sendboten Jesu Christi zu tun habe oder mit einem, der vielleicht der Gestalt und dem Inhalt seiner Rede nach scheinbar christlich auftritt, aber dem Bösen dient? Die Bergpredigt weist auf den Lebensbaum hin. Welche Früchte trägt er? »Was fruchtbar ist, allein ist wahr.« Das heißt: Achte nicht so sehr auf den Inhalt der Worte, bemerke, daß auch der Teufel in der Versuchung Jesu Christi die Heilige Schrift zitiert – die Fruchtbarkeit im Leben wird dir zeigen, welcher Wahrheitsgehalt der Sache innewohnt. Stärkt sie die Kraft der Liebe und Zuwendung zum anderen Menschen? Macht sie selbstloser, oder zeigt der Umgang mit Geld einen gesteigerten Egoismus? Wird das Bewußtsein bescheidener, oder wächst der Hochmut im Namen des Spirituellen? Denn auch der Versucher ist Geist. Er tritt im Namen des Geistes auf.

Eine erstarkte Erkenntniskraft ist nötig. Schon Paulus weist auf die Fähigkeit hin, die Geister unterscheiden zu lernen. Ein geistiges Erlebnis als solches sagt noch nicht viel aus. Es fordert den Menschen auf zu unterscheiden, welcher Geist sich ihm zeigt – ob ein falscher Prophet oder ein Diener Christi.

Am Ende dieses Jahrhunderts nehmen die Gurus, die selbsternannten Eingeweihten und Sektengründer stark zu. Sie versprechen den raschen Zugang zur geistigen Erfahrung. Sie vermitteln Mantren und Schulungen, die ohne moralische Wandlung des Menschen einen Eintritt in die geistige Erfahrung erschließen. Tritt das geistige Erlebnis ein, fühlt sich der Schüler beflügelt und erhoben, dann legt sich bereits der Bann um ihn und er bemerkt nicht mehr seine okkulte Gefangenschaft oder mindestens den Verlust der klaren Urteilskraft. Die Kirche ist für die meisten nicht mehr Autorität auf diesem Feld. Sie hat den individuellen

Zugang zur geistigen Welt nicht gefördert, eher gehindert. So ist der Suchende auf dem weiten Tummelfeld der vielen angebotenen breiten Wege zur Pforte meist auf sich angewiesen und ungeübt in der Fähigkeit, die Geister unterscheiden zu können. Daher sei erlaubt, einige Fragen zu formulieren, die derjenige an ein inneres Erlebnis oder eine okkulte Erfahrung richten kann, der Rat und Lebenshilfe sucht, Fragen, die auch einem Lehrer des Geistigen gestellt werden können:

- Welches sind die Quellen, aus denen die Lehre beziehungsweise das Wirken gespeist wird?
- Ist die Methode – der Weg – der Annäherung zum Geist auf jeder Stufe überschaubar und nachprüfbar?
- Wird die Freiheit des einzelnen gestärkt und entwikkelt, oder treten Abhängigkeiten auf, die unfrei machen? Steht er gar unter einer bannenden Faszination?
- Wird die soziale Fähigkeit gestärkt und der einzelne liebefähiger, oder isoliert er sich?
- Wie geht der Lehrer oder Vertreter der Sekte mit Geld um?
- Wie ist der Umgang von Mann und Frau? Entspricht das Ideal der Geschlechtlichkeit dem Geist der Bergpredigt?

Wir erinnern uns daran, daß selbst Saulus auf seinem Weg nach Damaskus in der großen Lichtstunde seiner Bekehrung am Boden liegend die Kraft hat zu fragen: »Herr, wer bist Du?« Seine Erkenntniskraft ist so wach und stark, daß er das Lichterlebnis und das Worterlebnis und die Wesensberührung durch Jesus Christus mit innerem Mut befragt. Diese Fähigkeit, die ein großer Christusmystiker bereits beim Anfangserlebnis zeigt, ist im 20. Jahrhundert unerläßlich. Wer sie sich nicht selbst zutraut, vertraue sich einem erfahrenen Seelsorger an. Er wird Rat und Hilfe erhalten und dadurch falschen Propheten nicht erliegen.

Das geistig gut Gewachsene, das dem Leben dient, wird seine Fruchtbarkeit erweisen, und die Aufgabe allen falschen oder einseitigen Propheten gegenüber liegt darin, sie an ihren Früchten zu erkennen.

Die Bergpredigt als Grundlage einer neuen Ethik

Jeder nun, der diese meine Worte hört und sie tut,
der gleicht einem klugen Mann,
der sein Haus auf den Felsen gebaut hat.
Da ging nun ein Wolkenbruch nieder,
Wasserströme kamen,
und Winde brausten und stießen an das Haus,
doch es fiel nicht, denn es war
auf den Felsen gegründet.
Und jeder, der diese meine Worte hört
und sie nicht tut,
der gleicht einem törichten Mann,
der sein Haus auf Sand baute.
Da nun der Wolkenbruch niederging,
die Wasserströme kamen und die Winde stürmten
und jenes Haus peitschten,
da stürzte es ein, und sein Fall war groß.

(Mt 7,24-27)

Die Bergpredigt erreicht ihren Schluß. Jesus Christus vollendet sie mit einem doppelten Bild – dem Haus auf dem Felsen und dem Haus auf dem Sand. Das Hören der Worte allein reicht nicht. Weder die Jünger, die ihn auf dem Berge umstehen, noch die Menge der Menschen, angesichts derer er sich entschloß, das Wort zu ergreifen, noch wir selbst als heutige Leser und Hörer dieser Rede entsprechen ihr, wenn wir es beim Hören belassen. Alles zielt auf Verwirklichen. Und nicht irgendwann einmal, am Ende der Tage, als endzeitliches Ideal. Nein, Christus spricht unmittelbar, direkt, gegenwärtig, und in seinem Wort ist diese erhöhte Wirklichkeit bereits da und wirksam. Die Verwirklichung beginnt in seinem Wort, die Verwirklichung setzt ein im Hören und Aufnehmen des Wortes. Und dieses Wort wandelt den Hörer und verwandelt sein Tun. Die Lebensklugheit erweist sich darin, sein Haus und damit die Art und Weise, wie wir auf Erden wohnen und leben, auf tragenden Grund zu bauen. Die Stürme des Geistes aus der geistigen Welt heraus wie die Stürme des Lebens selbst werden an der Seele rütteln: baut sie ihre geistige, religiöse und moralische Existenz auf dem Felsgrund ihrer christlichen Überzeugung, dann wird sie gefestigt und gegründet überstehen.

Im gleichen Evangelium des Matthäus folgt ja später die berühmte Szene vom Bekenntnis des Petrus (Mt 16, 13-20). Jesus kam mit seinen Jüngern in die Gegend von Cäsarea Philippi. Dort stand der Tempel des Cäsars. In ihm war der Herrscher der damaligen Welt gottgleich zur Verehrung aufgestellt. Der Mensch in seiner Vergötzung irdischer Macht heischte göttliche Verehrung.[41] Angesichts dieser Stätte stellt der Herr die Frage an seine Jünger nach seinem Wesen. Und schließlich antwortet Simon Petrus: »Du bist Christus, der Sohn des lebendigen Gottes!« Vom Augenblick seiner Berufung an, seit dem ersten Kennenlernen war durch das Hören des Wortes und das Wandern mit ihm die Erkenntnis in Petrus herangereift, daß er nicht nur ein Rabbi, nicht nur einer der Propheten sei, sondern der Menschensohn, der zugleich Gottessohn ist. Er erkennt im Menschen Jesus von Nazareth die unmittelbare Gegenwart des Sohnes Gottes. Im sichtbaren Menschen schaut und erkennt er den unsichtbaren Gott.

Und auf dieses Bekenntnis des Petrus antwortet Jesus Christus seinerseits mit einem Bekenntnis zum Menschen: »Selig bis du, Simon, Sohn des Jona, denn nicht Fleisch und Blut haben dir das offenbart, sondern mein Vater in den Himmeln. Und ich sage dir, du bist Petrus, und auf diesem Felsen will ich meine Gemeinde bauen …«

Der Jünger ist über das Kennen zum Erkennen herangereift und bekennt nun vor Cäsarea Philippi den Christus. Und die Antwort Jesu beschreibt den Grund dieser Erkenntnisart. Sie entstammt nicht Fleisch und Blut. Sie ist nicht leibgebunden. Von der leiblichen Grundlage befreit, vermag Petrus das Göttliche im Menschen, das Übersinnliche im Sinnlichen zu schauen und sein Erkennen offenbarungsfähig zu machen. Die Offenbarung der geistigen Welt ragt durch Gnade in das erkennende Bewußtsein des Jüngers herein. Daraus holt er die Kraft des Bekenntnisses.

Jesus Christus nennt Simon »den Felsen« – Petrus (griechisch *petros* – der Fels). Auf dem Felsgrund des Bekenntnisses, das seine Tragekraft einer Erkenntnis entnimmt, die in das Reich der Himmel hineinreicht, baut Christus seine *ekklesia*, seine Gemeinde.

Hier klingen die Bilder der Bergpredigt und jener welthistorischen Szene zusammen.

Sowohl die Wohnstatt des einzelnen Christen – das

Haus – als auch die christliche Ekklesia – jede Gemeinde – ist dann auf Felsgrund gebaut und unerschütterlich, wenn die geistige Welt in Erkennen und Bekennen erschlossen wird und im Menschen das Göttliche erschaut wird.

Der Schlüssel der Reiche der Himmel ist Petrus anvertraut, um den Nachfolgenden für das Erkennen, das zum Bekennen reift, die enge Pforte zu erschließen.

So wurde ihm auch zugesprochen: »Selig bist du ...« Petrus hat in Cäsarea Philippi den Augenblick der Seligkeit erlebt. Der Gottessohn im Reiche der Himmel war ihm im Menschen erlebbar und erfahrbar.

In der Seligpreisung des Petrus und in den Seligpreisungen der Bergpredigt kommt zum Ausdruck, daß die geistige Welt in Jesus Christus ihre Offenbarung beginnt. Das Verschlossene öffnet sich. Der Mensch ist dazu berufen, seine höchste Befähigung im Erkennen mit der Welt der Offenbarung zu verbinden. Er hat teil an der Seligkeit. Er kann zum Erbauer seines Lebens auf tragendem Grund werden. Und er kann Glied in der Gemeinde werden, die sich Christus unter Menschen auf dem Felsgrund des Bekenntnisses zu ihm baut.

Die Worte der Bergpredigt verhelfen dem Zeitgenossen zur Sinnsuche seines Lebens. Sie zeigt ihm den Weg zur Pforte der himmlischen Welt. Sie lehrt ihn, auf tragendem Grund zu bauen.

Wir erleben im 20. Jahrhundert, wie viele Ideologien und Weltanschauungen auf Sand bauen. Sie tragen nicht. Und wehen die Sturmwinde des Geistes im Atem der Geschichte, dann stürzen sie ein. Wie war es mit dem »tausendjährigen Reich« des Nationalsozialismus, das auf Blut und Boden und die Verneinung des Ich gebaut war? Wie war es mit der sozialistischen und kommunistischen Weltordnung, die auf Materialismus und Atheismus gebaut war? Die Weltstürme fegten sie hinweg.

Die Bergpredigt als Zusammenfassung des Christentums kann in einer orientierungslos gewordenen Zeit ein Ausgangspunkt sein für eine Sinnsuche. Sie enthält Grundlagen neuer Werte und einer christlichen Ethik. Sie erweckt den Mut, nicht erst im Jenseits, sondern jetzt und hier in allen Lebensbereichen den Anfang mit der Verwirklichung des Wortes Christi zu machen. Eugen Drewermann sagt: »Denn wenn ›Christentum‹ das ist, was die Bergpredigt schildert, dann gibt es weit und breit kein Christentum; was es statt dessen gibt, ist ein Kostümhandel, ein Designgeschäft in Sachen Christentum.«[42] Ja, weit und breit gibt es kein Christentum. Schon Sören Kierkegaard (1813-1855) zählte auch das Volkskirchentum zum breiten Weg, der in das Verderben führt. Der Mißbrauch der Schlüsselgewalt hat vielfach zum Zuschließen der geistigen Welt geführt aus dem Mißtrauen heraus, der Mensch könne nicht den schmalen Weg zur Pforte aus eigener Kraft und göttlicher Gnade gehen. Heute ist es an der Zeit, das religiöse Leben von Grund auf zu erneuern. Das Ende des zweiten Jahrtausends stellt für alle Weltprobleme ernste Fragen. Die Bergpredigt ist ein Modell, nach dem sich zu bauen lohnt. Franz Alt hat das in seinen populären Schriften erkannt. Die Stürme der Zukunft werden nur dann überstanden, wenn der einzelne wie die Gemeinde ihr Leben und ihre geistige Existenz auf dem Grund bauen, der letztlich Christus selber ist.

> *Und es begab sich, als Jesus diese Worte vollendet hatte, daß die Menge außer sich geriet über seine Lehre.*
> *Denn er lehrte mit geistiger Vollmacht und nicht wie ihre Schriftgelehrten.*
>
> *(Mt 7,28;29)*

In zwei Schlußsätzen läßt der Evangelist die Bergpredigt enden. Die Vollendung der Worte löst bei allen eine außerordentliche Wirkung aus. Die Hörer sind wie außer sich. Sie erfahren unmittelbar, daß der Sinn, die Wortgewalt und die Kraft seines Sprechens in ihnen selbst bereits einen ersten Zugang zum Reich der Himmel auslöst. Das griechische Tätigkeitswort *ekplesso* drückt dieses Außer-sich-Geraten, Außer-sich-Sein, drastisch aus. Aus ihrem Leibe werden sie durch die Vollmacht und geistige Kraft Jesu Christi wie herausgehoben. Sie fühlen damit, daß diese Lehre nicht eine übliche Lehre wie die der Gelehrten der Schrift ist, sondern mit spirituell erfüllter Mächtigkeit und Formkraft *exusia* gesprochen ist. In dem Schluß ist der Anfang geborgen: »Da er die Volksmenge sah.« Sie hat Anteil an der Wirkung der Rede auf dem Berg, auch wenn die unmittelbar bei ihm Stehenden und Hörenden die Jünger sind. Es wird deutlich, wie zwar zunächst die Jünger eine Unterweisung erfahren, aber gleichsam wie durch sie hindurch die Menge der Menschen in ihrer drängenden Not nach helfendem Geist Anteil haben an dem Wortwirken Jesu. Unmittelbar anschließend an die Bergpredigt, wieder auf dem Niveau des Alltags, folgen nun die Heilungen: Der kranke Mensch nach Leib (Aussatz), Leben (Paralyse), Seele (Fieber) und Ich (Besessenheit) wird durch die Heilkraft Christi gesund. (Mt 8,1-17) Auf der Höhe des Berges hat die Bergpredigt begonnen. Mit dem Felsengrund endet sie, auf dem der Hörer und Verwirklicher dieser Worte baut. Der Grundstein für den einzelnen wie für eine Gemeinschaft, die im Namen Christi handeln, ist gelegt. Schließen sich Menschen und Gott zum gemeinsamen Bauen an der Zukunft zusammen, bilden sie den immer neuen Bund, der im Neuen Testament begonnen hat, dann kann die Zukunft christlich und damit menschenwürdig lebensfähig werden.

Anmerkungen

1 Hans-Werner Schroeder, *Von der Wiederkunft Christi heute,* Stuttgart 1991
2 Emil Bock, *Das Evangelium. Betrachtungen zum Neuen Testament,* Stuttgart ²1995
3 Eduard Lenz (Hrsg.), *Betrachtungen über das Matthäus-Evangelium. Studien zur Komposition und Initation im ersten Evangelium,* Stuttgart 1990
4 Nach Gustav Mensching, *Die Religion,* München o. J., S. 133-138
5 Johann Wolfgang von Goethe, *Wilhelm Meisters Wanderjahre*, Erster Teil, Erstes Buch, 10. Kapitel. Im gleichen Zusammenhang tritt aus der 6. Seligpreisung ein weiteres Motiv auf, als Wilhelm einmal ausruft: »Große Gedanken und ein reines Herz, das ist's, was wir uns von Gott erbitten sollten!«
6 Eduard Lenz, *Betrachtungen über das Matthäusevangelium,* S. 35
7 Ernst Lohmeyer, *Das Evangelium des Matthäus,* Göttingen 1958, S. 83
8 *Das Neue Testament*, revidierter Text, Stuttgart 1956
9 Gottfried Benn, *Gesammelte Werke*, Bd. 1, Wiesbaden 1962, S. 84 ff.
10 Eduard Lenz, *Betrachtungen über das Matthäus-Evangelium,* Stuttgart 1990, S. 35
11 Eugen Drewermann, *Das Matthäus-Evangelium,* S. 412 f.

12 Peter Krapotkin, *Gegenseitige Hilfe in der Tier- und Menschenwelt,* Frankfurt 1976

13 Mahatma Gandhi, *Freiheit ohne Gewalt* (1922), zitiert nach Eugen Drewermann a.a.O., S. 416

14 Mahatma Gandhi, *Freiheit ohne Gewalt,* S. 122

15 Meister Eckehart, *Deutsche Predigten und Traktate,* hrsg. von Josef Quint, München ^{8}1978, S. 100

16 Meister Eckehart, *Deutsche Predigten und Traktate.*

17 Johannes Lenz, *Die Taufe, das Sakrament der Christwerdung,* Stuttgart 1991

18 Friedrich Rittelmeyer, *Ich bin,* Stuttgart ^{2}1956

19 Eugen Drewermann, *Das Matthäusevangelium,* S. 445

20 Wolfgang Borchert, *Das Gesamtwerk,* Hamburg 1988, S. 315

21 H. L. S. Strack/P. Billerbeck, *Das Evangelium des Matthäus,* S. 298

22 Ernst Lohmeyer, *Das Evangelium des Matthäus,* S. 126

23 Johannes Lenz, *Lebensgemeinschaft und Trauung. Das Sakrament der Ehe,* Stuttgart 1985

24 *CIC, Kodex des Kanonischen Rechtes,* can 1199 §1, Kevelaer ^{2}1984

25 Leo N. Tolstoi, *Mein Glaube,* München 1980

26 Siehe dazu Hans-Werner Schroeder, *Der Mensch und das Böse,* Stuttgart 1984

27 Laurens van der Post, *Die Nacht des Neuen Mondes,* Berlin, 1970, S. 109-112

28 Eugen Drewermann, *Das Matthäusevangelium*

29 H.L.S. Strack/P. Billerbeck, *Kommentar zum NT,* I, S. 344

30 Eduard Lenz, *Betrachtungen über das Matthäusevangelium,* Stuttgart 1990, S. 42

31 Siehe dazu Hans Werner Schroeder, *Das Gebet. Übung und Erfahrung,* Stuttgart ^{2}1981

32 *Der Koran,* Zwanzigste Sure 6-8, übertragen von L. Ullmann, München 1959

33 Siehe dazu Hans-Werner Schroeder, *Das Gebet. Übung und Erfahrung,* Stuttgart 1988, S. 55-63

34 Johann Wolfgang von Goethe, *Zahme Xenien III*

35 Eduard Lenz, *Betrachtungen über das Matthäus-Evangelium,* S. 46

36 Rudolf Steiner, *Goethes Naturwissenschaftliche Schriften,* Kapitel »Goethes Erkenntnisart«, GA 1, Dornach 1973

37 Rudolf Steiner, *Die Philosophie der Freiheit. Grundzüge einer modernen Weltanschauung,* Berlin 1894

38 Franz Alt, *Liebe ist möglich. Die Bergpredigt im Atomzeitalter,* München 1991, S. 181

39 Christian Morgenstern, *Werke und Briefe*, Bd. II, Stuttgart 1992, S. 107

40 Hans Werner Schroeder, *Von der Wiederkunft Christi heute. Verheißung und Erfüllung,* Stuttgart 1991

41 Siehe dazu Eberhard Kurras, *Christus-Erfahrungen,* Stuttgart 1975

42 Eugen Drewermann, *Das Matthäusevangelium,* Olten 1992, S. 646

Literatur

Alt, Franz, *Liebe ist möglich. Die Bergpredigt im Atomzeitalter*, München [11]1991

Alt, Franz, *Frieden ist möglich. Die Politik der Bergpredigt*, München [24]1987

Bock, Emil, *Das Evangelium. Betrachtungen zum Neuen Testament*, Stuttgart 1984

Drewermann, Eugen, *Das Evangelium des Matthäus. Erster Teil.* (*Mt* 1,1-7,29) *Bilder der Erfüllung*, Olten und Freiburg [2]1992

Grundmann, Walter, *Das Evangelium nach Matthäus. Theologischer Kommentar zum Neuen Testament*, Bd. 1, Berlin [6]1986

Lenz, Eduard, *Betrachtungen über das Matthäus-Evangelium*, Stuttgart 1990

Lohmeyer, Ernst, *Das Evangelium des Matthäus. Kritisch-exegetischer Kommentar über das Neue Testament*, Göttingen 1958

Rau, Christoph, *Das Matthäus-Evangelium. Entstehung – Gestalt – Essenischer Einfluß*, Stuttgart 1976

Rienecker, Fritz, *Das Evangelium des Matthäus*, Wuppertaler Studienbibel, Bd. 4, Wuppertal [12]1984

Schroeder, Hans Werner, *Das Gebet. Übung und Erfahrung*, Stuttgart [3]1988

Speyr, Adrienne von, *Bergpredigt. Betrachtungen über Matthäus* 5-7, Einsiedeln 1948

Steiner, Rudolf, *Das christliche Mysterium*, GA 97, Dornach 1968

Steiner, Rudolf, *Der Christus-Impuls und die Entwicklung des Ich-Bewußtseins*, GA 116, Dornach 4 1982

Steiner, Rudolf, *Das Ereignis der Christus-Erscheinung in der ätherischen Welt*, GA 118, Dornach 1965

Steiner, Rudolf, *Das Matthäus-Evangelium*, GA 123, Dornach 7 1988

Strack, H. L. und P. Billerbeck, *Das Evangelium nach Matthäus*, München 3 1961

Tolstoi, Leo N., *Mein Glaube*, München 1990

phoenix

Der Vogel Phoenix ist seit altersher das Symbol für innere Neugeburt aus Krisen, innerer Not und Zerfall. Damit ist ein Motiv angeschlagen, das heute überall dort zunehmend an Bedeutung gewinnt, wo Menschen auf der Suche nach neuen Maßstäben, Leitgedanken und seelischer Stärkung sind.

Die Bücher, die in dieser Reihe erscheinen, sind von erfahrenen Seelsorgern verfaßt und ohne weiteres allen christlichen Konfessionen zugänglich, da sie von modernen religiösen Grunderfahrungen ausgehen, wie sie heute von jedermann gemacht werden können. Ein gemeinsames Anliegen der Autoren besteht darin, in zeitgemäßer Sprache Hilfen und zugleich praktische Anregungen zu eigenen Erlebnissen zu geben ohne irgendwie missionieren zu wollen.

Die phoenix-Reihe

- vermittelt Antworten auf drängende Lebensfragen,
- bietet Orientierung bei Krisen und ihrer Überwindung
- erschließt Evangelium und Sakramente als Hilfe im täglichen Leben.

VERLAG URACHHAUS

phoenix Band 1

Gertrud Osterwald

Wiedergeburt aus dem Abgrund

Die Überwindung von Angst und Furcht
136 Seiten, Leinen

Angst und Furcht sind Regungen, die heute immer massiver auftreten. Kaum einer ist dagegen gefeit. Doch sie lassen sich bewältigen und positiv verwandeln. Durch bewußte seelische Übung und Mobilisierung der eigenen religiösen Grundkräfte ist heute jeder in der Lage, seine inneren Ängste zu überwinden und zu einer neuen Lebensbejahung zu gelangen.

phoenix Band 3

Ellen Huidekoper

Leben mit dem Ungewissen

Zukunftshoffnung in der Ölbergapokalypse
216 Seiten, Leinen

Die Schreckenszenarien der »Ölbergapokalypse«, dem 24. und 25. Kapitel des Matthäusevangeliums, erscheinen wie eine Vorwegnahme der Ereignisse des 20. Jahrhunderts. Denn Unsicherheit, Verfolgung, Krieg und Heimatlosigkeit sind heute Grundtatsachen im Leben vieler Menschen. Die alten, traditionellen Werte und Sicherheiten tragen nicht mehr. Dennoch brauchen wir nicht in Pessimismus zu verfallen. Im Gegenteil: Erfahrungen bekannter Zeitgenossen wie Pablo Picasso, Vaclav Havel und Elisabeth Kübler-Ross bezeugen, daß es möglich ist, inmitten des Untergangs Sinn, Trost und Hoffnung zu finden.

Die Deutsche Bibliothek – CIP-Einheitsaufnahme
Lenz, Johannes: »Ihr seid das Salz der Erde«:
die Bergpredigt heute / Johannes Lenz. –
Sutttgart: Urachhaus, 1996
(phoenix; 2)
ISBN 3-8251-7058-6
NE.GT

ISBN 3-8251-7058-6

Umschlag: Walter Schneider unter
Verwendung eines Gemäldes von Sonia van der Klift,
Den Haag
Druck: WB-Druck, Rieden